Georges-Eugène HAUSSMANN

Par Monique Rauzy

FIGURES DE L'HISTOIRE
Collection dirigée par Christine Hemar

ISBN 2-218-73653-5

Principe de maquette et de couverture : Mateo Baronnet
Mise en pages : Christian Blangez
Iconographie : Clémence Pouillet-Zagorski/Hatier illustration
Suivi éditorial : Sidonie Van den Dries

Georges-Eugène Haussmann (1809-1891)

Contrairement à une carrière littéraire, artistique, politique voire criminelle, il est rare qu'une carrière administrative apporte à celui qui la poursuit gloire et notoriété. Un homme fait exception : Georges-Eugène Haussmann, dont le nom n'a pas même été éclipsé par celui de son empereur, auquel il fut pourtant toujours dévoué, et a donné naissance à un adjectif : travaux haussmanniens, immeubles haussmanniens…

Le préfet de la Seine a été, en effet, plus que le maître d'œuvre du Paris moderne, qui se voulait la capitale du monde. Véritable précurseur dans un domaine alors inexistant – la politique urbaine –, Haussmann a pensé la ville dans sa totalité : sécurité, hygiène, transports, loisirs, esthétique, approvisionnement. De fonctionnaire zélé, il est devenu malgré lui le théoricien de référence, en province comme à l'étranger. Amoureux de sa ville, il a refusé de devenir ministre pour demeurer le premier des Parisiens.

Une école de tolérance

On comprend qu'issu d'une famille qui dut, pour garder sa foi, supporter de bien rudes épreuves ; élevé d'ailleurs, dans une communion dissidente, au sein d'une majorité catholique, intolérante dans bien des cas, j'aie appris, dès l'enfance, à détester la persécution, d'où qu'elle vienne et quel qu'en soit l'objet, et que je respecte sans effort chez les autres toute croyance sincère, religieuse ou politique.

Mémoires du Baron Haussmann, Victord-Havard Éditeur, 1890-1893, Le Seuil, 2000.

L'éducation d'un jeune bourgeois

Boissy d'Anglas saluant, à la tribune de la Convention, la tête du député Feraud : la Révolution française compte parmi ses fervents partisans les deux grands-pères d'Haussmann, qui toutefois n'en partagent pas les excès.

Des origines protestantes

Georges-Eugène Haussmann naît sous le premier Empire, le 27 mars 1809, dans un petit hôtel particulier de l'Ouest parisien. Il descend d'une double lignée de protestants rhénans. Du côté paternel, les Haussmann, originaires de Saxe luthérienne, sont établis en Alsace, que Nicolas, le grand-père de Georges-Eugène, quitte en 1777 pour s'établir comme négociant à Versailles. Le grand-père maternel, le général Dentzel, né dans l'État allemand du Palatinat, prend part comme officier à la guerre d'Indépendance des États-Unis aux côtés de Rochambeau et de La Fayette et, à ce titre, est naturalisé français par Louis XVI en 1784.

Le bonapartisme en héritage

Nicolas Haussmann et Georges Dentzel accueillent avec enthousiasme la Révolution qui, en 1789, donne l'égalité des droits civils et politiques aux protestants de France. Ces jeunes bourgeois prennent une part active à la vie politique : ils sont élus députés à la Convention en 1792. Tous deux sont envoyés en mission auprès des armées

Éloge d'un grand-père : Nicolas Haussmann

C'est lui qui m'a, je puis le dire, élevé. Je subis, grâce à la grande facilité d'impression de tous les enfants, l'influence des habitudes méthodiques, des principes d'ordre régnant sans cesse dans la maison de ce véritable sage, comme dans son esprit clair, sensé, bien réglé.
Je dois à son exemple, confirmant ses leçons et les conseils dont je n'oubliai jamais d'aller m'inspirer auprès de lui, le sentiment du devoir, la fermeté calme, la persévérance infatigable qui m'ont donné raison de tant d'obstacles.
La modération de caractère [...] et le désintéressement personnel, qui me fit préférer, aux satisfactions de la fortune et des honneurs, celles, moins vaines, assurées, [...] par une bonne conscience et la fierté légitime d'une grande tâche loyalement accomplie.

Mémoires du Baron Haussmann,
Victord-Havard Éditeur, 1890-1893,
Le Seuil, 2000.

Georges Frédéric, baron Dentzel, grand-père maternel de Georges-Eugène Haussmann

1809 Naissance

1811 Chaville

de l'Est et servent l'idéal de conquête révolutionnaire. Leur adhésion à l'Empire est sans réserve et achève de rapprocher les destins des deux hommes dont les enfants, Nicolas-Valentin Haussmann et Ève-Marie Caroline Dentzel, âgés respectivement de dix-neuf et seize ans, se marient en juin 1806. Un an avant la naissance de Georges-Eugène, Georges Dentzel, militaire de carrière, est fait baron par Napoléon 1er. Haussmann, en même tant que la foi bonapartiste, récupérera ce titre sans se soucier d'une confirmation officielle.

Une enfance au grand air

Nicolas-Valentin Haussmann, à l'instar de son père, entre dans l'administration militaire à l'avènement de l'Empire. Georges-Eugène est le deuxième de ses quatre enfants. De constitution fragile et de tempérament nerveux, il fatigue sa jeune mère, elle-même délicate. Il n'a que deux ans à la naissance de son frère cadet. Sa famille décide alors de le confier à ses grands-parents paternels. Période heureuse et campagnarde, à Chaville, dont Nicolas est maire. Georges-Eugène y demeure jusqu'à l'âge de sept ans. Il y apprend à lire et à écrire, et se promène en compagnie de son grand-père, auquel il restera attaché toute sa vie.

Dans les rues de Paris

Parti, le matin dès sept heures, du quartier de la Chaussée d'Antin, que j'habitais avec ma famille, je gagnais d'abord, après bien des détours, la rue Montmartre et la pointe Saint-Eustache ; je traversais le carreau des Halles, alors à ciel ouvert, au milieu des grands parapluies rouges des marchandes de poisson ; puis les rues des Lavandières, Saint-Honoré et Saint-Denis ; la place du Châtelet était bien mesquine à cette époque, et la renommée du restaurant du « Veau-qui-Tète » en éclipsait les souvenirs historiques ; je franchissais le vieux pont au Change que je devais plus tard faire également reconstruire [...] ; je longeais ensuite l'ancien palais de Justice, ayant à ma gauche l'amas ignoble du tapis franc, qui déshonorait naguère encore la Cité et que j'eus la joie de raser plus tard, de fond en comble – repaire de voleurs et d'assassins, qui semblaient là braver la police correctionnelle et la cour d'assises. Poursuivant ma route par le pont Saint-Michel, il me fallait franchir la pauvre petite place où se déversaient, comme dans un cloaque, les eaux des rues de la Harpe, de la Huchette, Saint-André-des-Arts et de l'Hirondelle, au fond de laquelle apparaissait, comme une discordance, l'enseigne du célèbre parfumeur Chardin. Enfin, je m'engageais dans les méandres de la rue

Le lycée Condorcet, dans le IXe arrondissement à Paris

Le retour à Paris, en février 1816, ne dure pas un an. Le garçonnet s'accommode mal d'un enseignement qu'il partage avec sa sœur aînée. En outre, la phtisie rôde dans la capitale. Georges-Eugène est envoyé avec son jeune frère à Bagneux, une ville plus aérée que Paris. Dans un pensionnat tenu par un oratorien défroqué, il reçoit un enseignement qui laisse une large place aux sciences, à l'observation et à l'expérimentation, sans oublier les sports et les arts et, à l'exemple de l'enseignement dispensé par les Jésuites, de solides bases classiques.

1809 Naissance

1816 Bagneux

Toujours premier

À onze ans, la santé de Georges-Eugène lui permet de regagner Paris, où il devient interne au collège Henri IV, l'actuel lycée Condorcet. Il prend la tête de la classe, et la conserve durant toute sa scolarité. Henri IV est un creuset au sein duquel Georges-Eugène se fait amis et relations, tels Ferdinand Le Roy et surtout le duc de Chartres, futur duc d'Orléans.

Georges-Eugène passe brillamment son baccalauréat et s'inscrit à l'école de droit de la rue Saint-Jacques. Pour s'y rendre, il sillonne la ville à pied et est touché par la crasse et l'insalubrité de certains quartiers. Il profite du temps que lui laissent ses études pour suivre, à la Sorbonne et au Collège de France, des cours professés par

de la Harpe, pour gravir ensuite la montagne Sainte-Geneviève et arriver, par le passage de l'hôtel d'Harcourt, la rue des Maçons-Sorbonne, la place Richelieu, la rue de Cluny, et la rue des Grès, sur la place du Panthéon, à l'angle de l'École de droit.

Mémoires du Baron Haussmann, Victord-Havard Éditeur, 1890-1893, Le Seuil, 2000.

Un jeune homme actif

On me demandera sans doute, comment je pus trouver du temps pour ces travaux, si divers et de plus pour remplir mes devoirs de famille et du monde ; pour aller l'hiver, au bal et durant toute l'année au spectacle. Ajoutez pour fréquenter le manège de la rue Cadet ; la salle d'escrime de Mathieu Coulon ; le tir au pistolet de Lepage ; puis selon la saison l'école de natation de Deligny ou les réunions de patinage de la Glacière et du canal de l'Ourcq, et pour faire bien d'autres choses encore.
Je réponds d'avance : il tient plus de temps qu'on ne le croit généralement en vingt-quatre heures ; on peut caser bien des choses de six heures du matin à minuit et au-delà, quand on a le corps actif ; l'esprit alerte, très ouvert ; la mémoire excellente ; le travail facile et rapide, et surtout, quand on n'éprouve qu'un besoin modéré de sommeil.

Mémoires du Baron Haussmann, Victord-Havard Éditeur, 1890-1893, Le Seuil, 2000.

PARIS, JEUDI, 29 JUILLET 1830.

Le Temps,

Journal des progrès politiques, scientifiques, etc.

PUBLIÉ SOUS LES AUSPICES DE

74 DÉPUTÉS-ACTIONNAIRES.

Se distribue chez les principaux Électeurs de chaque quartier.

Protestation des députés

Soldats Français.

La « Une » du Temps du 29 juillet 1830

les grands scientifiques et philosophes du moment : Louis Joseph Gay-Lussac, Augustin Cauchy, Victor Cousin... Tout l'intéresse. Mais, s'il s'instruit, il met autant d'énergie à se divertir.

1809 Naissance

Un avenir incertain

Depuis la chute de Napoléon Ier, en 1815, la famille Haussmann vit dans l'opposition politique. La Restauration n'apprécie pas plus la baronnie d'Empire que le protestantisme. Nicolas Haussmann, dont les affaires végètent, devient rédacteur d'un journal d'opposition, *Le Temps*.

1830 Trois Glorieuses

Toute perspective de brillante carrière est interdite à Georges-Eugène, du fait de ses origines sociale et religieuse. Quoique conscient de sa valeur et ambitieux, le jeune homme n'a pas de projet précis. Il passe quelques heures par semaine chez un notaire afin de se familiariser avec la pratique du droit, mais ne souhaite pas intégrer une étude.

L'attaque de l'Hôtel de Ville de Paris, le 28 juillet 1830

Le messager des « Trois Glorieuses »

Le 25 juillet 1830, Charles X, qui ne souhaite pas partager son pouvoir, suspend la liberté de la presse et dissout l'Assemblée. Nicolas Haussmann est l'un des quarante-huit signataires d'un appel à la résistance qui marque le début de la « révolution de Juillet ».

Institution des préfets

Le projet de loi propose d'établir un préfet par département, lequel serait chargé seul de l'exécution et correspondrait, sans intermédiaire, avec le ministre.
Le préfet ne connaît que le ministre, le ministre ne connaît que le préfet. Le préfet ne discute point les actes qu'on lui transmet, il les applique, il en assure et surveille l'exécution. [...] Le système d'administration proposé, [...] en assurant la prompte exécution de la loi, [...] ne laisse rien à l'arbitraire du préfet ; car à côté de lui sont placés des conseils qui garantissen l'administration de toute injustice, et veillent essentiellement à ses intérêts Le préfet, essentiellement occupé de l'exécution, transmet les ordres au sous-préfet ; celui-ci aux maires des villes, bourgs, villages, de manière que la chaîne d'exécution descend sans interruption du ministre à l'administré

Discours de Jean Chaptal, présentant au corps législatif la loi instituant les préfets, 1806, Archives parlementaires, 1862.

Georges-Eugène a vingt et un ans. Il se précipite au siège du journal *Le Temps*, pour rejoindre son père qui risque d'être arrêté. Pris dans le tourbillon des événements, il sert de messager entre le journal et l'Hôtel de Ville, aux mains des insurgés. Au cours de l'un de ses trajets, il reçoit une balle dans la jambe, puis est blessé par un garde suisse. Le calme rétabli, Louis-Philippe, devenu roi des Français, récompense le héros en lui décernant la Croix spéciale de Juillet, réservée à ceux qui se sont battus pendant les trois jours glorieux qu'a duré la révolution.

1809 Naissance

1830 Trois Glorieuses

Une première révolution bien utile

La prise du Louvre et le massacre des Suisses, le 29 juillet 1830

Georges-Eugène Haussmann retrouve le duc de Chartres, son camarade de lycée devenu duc d'Orléans, qui l'informe que le roi, son père, a besoin de cadres fidèles pour consolider son pouvoir. Fort de cet appui prestigieux, Haussmann, qui vient de terminer sa licence de droit, fait acte de candidature. La nomination tarde. Haussmann s'obstine : entrer dans la haute fonction publique lui assurerait un avenir brillant, jusqu'alors inenvisageable et à la mesure de ses prétentions. Il sollicite aussi des recommandations auprès des amis de son père. Le 22 mai 1831, on lui propose enfin un poste dans l'administration royale.

Un secrétaire général efficace

Peu à peu, lorsqu'il s'aperçut que son nouveau secrétaire général n'était pas précisément le premier venu, le Préfet changea du tout au tout, et, sans aucune réclamation de ma part, me fit aussi largement que spontanément la situation à laquelle j'avais droit de prétendre [...]. Finalement, un partage d'attributions s'opéra tout naturellement entre le cabinet et le secrétariat général : de mon côté, les affaires proprement dites ; de l'autre, la politique, fort occupante dans un pays où toute la haute société, presque toute la grande propriété, plus une bonne partie de la magistrature, appartenait à la cause légitimiste.

Mémoires du Baron Haussmann, Victord-Havard Éditeur, 1890-1893, Le Seuil, 2000.

Casimir Perier (1777-1832), chef du gouvernement et ministre de l'Intérieur (1831). En 1832, alors qu'une épidémie de choléra ravage Paris, il visite l'Hôtel-Dieu et périt lui-même de la maladie.

L'apprentissage en province

1809 Naissance

Un jeune homme sûr de lui

Haussmann est nommé à Poitiers, secrétaire général de M. Boullée, préfet de la Vienne. Les deux hommes sympathisent. À vingt-deux ans, aimant la vie et les plaisirs, Haussmann, d'abord surpris par la vie de province, se divertit avec la jeunesse dorée. Parisien, au fait de la mode, il assiste la femme du préfet pour les réceptions à la préfecture. Il se fait des relations parmi les notables et hauts fonctionnaires. Sûr de lui, lorsque des jeunes républicains le provoquent, il fait face avec une grande maîtrise et un certain humour qui lui permettent d'éviter l'affrontement.

1831 Poitiers

Il se fait sa place, toute sa place. Le préfet Boullée lui délègue bientôt tout l'administratif pour se consacrer aux affaires politiques. Casimir Perier, Premier ministre dûment informé, reconnaît le talent et reçoit personnellement Haussmann qui, impatient, aspire déjà à un poste de sous-préfet.

Un jeune sous-préfet de la France profonde

Est-ce lié à la mort prématurée de Casimir Perier ? Le poste obtenu par

Une analyse politique au service du régime

L'aristocratie comme tout le reste, manque en général de lumières, elle a perdu les avantages qu'elle retirait de la Restauration [...]. De là son hostilité contre le gouvernement nouveau. [...] Le clergé est fortement organisé pour lutter contre l'esprit du siècle. Il en est encore à un jésuitisme de bas étage et cherche à retenir le pays dans les liens d'une sensibilité aveugle. [...]
En résumé, s'approprier la classe des agriculteurs et mettre à sa tête la bourgeoisie, son allié naturel, tel est le but qu'il faut atteindre. Fort de l'union de la fortune et des Lumières, le gouvernement verrait bientôt l'ennemi (clergé, noblesse) le plus acharné dans l'impuissance. [...]
Ces influences ne sauraient résister longtemps à cette instruction pratique que donne le frottement des hommes, et sous ce rapport les chemins sont à mes yeux un moyen de civilisation non moins actif que les écoles ; ce que l'instruction puisée dans celles-ci assure à l'avenir, les fréquentes communications des hommes entre eux le donnent au présent.

Georges-Eugène Haussmann,
Note sur l'arrondissement d'Yssingeaux, 31 octobre 1832, Archives nationales.

Protestation publique

Pour conjurer les efforts dirigés dès longtemps contre moi et qui viennent de m'atteindre, il m'aurait fallu mettre au service d'intérêts privés, d'intérêts d'ambition et d'influence, le dévouement que je devais seulement aux intérêts constitutionnels du pays et aux intérêts spéciaux de mon arrondissement, il m'aurait fallu, d'ailleurs, céder aux tentatives qui ont été faites [...] pour m'entraîner au-delà des limites imposées à l'action du pouvoir dans les questions politiques – je ne l'ai pas voulu.

Lettre de Georges-Eugène Haussmann aux maires de l'arrondissement de Nérac, février 1840, Archives nationales.

Haussmann en juin 1832 n'est guère enthousiasmant : Yssingeaux, sous-préfecture de Haute-Loire. Haussmann comprend néanmoins les enjeux et les avantages de ce poste en France profonde. Il s'emploie à favoriser l'élection aux conseils municipaux d'une bourgeoisie acquise à la monarchie de Juillet et s'acquitte de sa tâche politique comme naguère de l'administratif, en représentant zélé de Louis-Philippe. Pour lutter contre l'« arriération » des populations, contre la puissance du clergé et de la noblesse et contre tous les éléments hostiles à la monarchie de Juillet, il préconise deux moyens : le développement des échanges grâce aux routes et celui de l'instruction publique.

Déjà, il sollicite sa mutation et une promotion – comme il le fera tout au long de sa carrière –, tant il a hâte de faire ses preuves. Il ne reste que cinq mois à Yssingeaux et, en novembre 1832, reçoit une nouvelle affectation : Nérac en Gironde.

Sept années pour affirmer ses compétences

Haussmann est déçu à son arrivée, lorsqu'il constate que son arrondissement ne possède pas les voies de communications nécessaires au progrès. Il songe à démissionner, puis décide de relever le

Le pont de Nérac, inauguré en 1837 par Georges-Eugène Haussmann, cinq ans après son arrivée

défi et entreprend les travaux nécessaires : sept ans plus tard, lorsqu'il quitte Nérac, l'arrondissement est équipé en chemins vicinaux, routes et ponts.

Haussmann accorde également une large priorité à l'éducation. En juin 1833, la loi Guizot sur l'enseignement primaire vient à son aide et, à la rentrée de 1836, toutes les communes de l'arrondissement sont dotées d'une école avec un instituteur.

En 1837, l'investissement personnel d'Haussmann est récompensé par la Légion d'honneur.

Son volontarisme, qui ne ménage ni la hiérarchie ni les susceptibilités locales, suscite dès 1834 des plaintes du préfet au ministre de l'Intérieur. La visite de George Sand et du duc d'Orléans à Nérac achève de lui aliéner durablement son supérieur, qui y voit une manœuvre et la marque d'une ambition incontrôlable, incompatible avec le bon fonctionnement de l'État.

La rancune du préfet Brun n'est pas sans effet auprès du ministre Duchâtel : alors qu'il demande mutation et promotion, Haussmann est nommé en 1839, après sept ans de services, dans une sous-préfecture éloignée de l'Ariège, à Saint-Girons. C'est une disgrâce et il le fait savoir.

Le baron Haussmann dans les années trente

De belles conquêtes

Un sous-préfet de mes amis
Pour un temps avait été mis
Comme en exil au fond d'une province,
En un petit pays qu'on nomme Saint-Girons [...]
Parmi le beau sexe, il paraissait de mode
De faire un peu de l'œil au jeune sous-préfet
Il était grand, bien fait, mince et très élégant,
Il avait le teint blanc et rose d'un enfant
Les cheveux blonds cendrés et la barbe soyeuse,
Le regard doux, voilé, la tournure amoureuse [...]
Que voulez-vous ? Tout cela portait fruit,
Et plus d'une conquête en fut l'heureux produit.

Georges-Eugène Haussmann, Saint-Girons, une campagne administrative dans les Pyrénées, 1876.

« Un acte capital de ma vie »

1809 Naissance

Haussmann ne repart pas seul de Nérac. Henri de la Harpe, un pasteur issu d'une famille de riches négociants bordelais d'origine suisse, lui présente durant l'été 1837 sa sœur Octavie. Haussmann est séduit par cette jeune femme réservée, de près de deux ans son aînée, qui représente un « bon parti ».

Ils se marient le 17 octobre de l'année suivante au temple des Chartrons à Bordeaux. Haussmann accède ainsi à la bonne société bordelaise, dans laquelle il se sent tout de suite à l'aise. Deux filles naissent de cette union : Marie-Henriette, en 1840, et Valentine, en 1843. Haussmann, qui approche de la quarantaine, « s'installe » en achetant des terres. Octavie ne regagne pas Saint-Girons avec son époux en février 1840. De santé fragile, discrète et effacée, elle préfère demeurer à Bordeaux non loin de ses parents. Haussmann ne gardera pas de cette séparation un souvenir attristé… Lorsque son mari sera nommé à Blaye, tout près de Bordeaux, Octavie n'y fera que de brefs passages, laissant Georges-Eugène à ses affaires publiques et très libre. Plus tard, elle n'adoptera pas le mode de vie brillant et agité du Paris du second Empire. Tolérer que son mari et, éventuellement, ses filles paraissent et

1838 mariage

Un mariage de raison ?

Cette alliance doit me mettre en relation de parenté avec une partie des notabilités commerciales de Bordeaux et, d'ailleurs, je crois pouvoir dire que M. de la Harpe y jouit, non seulement à cause de sa grande fortune, mais encore de ses qualités personnelles, d'une considération aussi grande que celle acquise dès longtemps en Suisse.

Lettre de Georges-Eugène Haussmann au marquis de Lusignan, le 21 septembre 1838, Archives nationales.

Les aliénés de Saint-Girons

Ce petit peuple d'aliénés
ne marchait pas beaucoup
plus mal, en somme,
que bien des grandes
nations modernes,
où les droits de la raison,
proclamés, invoqués
de toute part, donneraient
à penser qu'elle est
la règle commune,
toujours obéie. [...]
Les passions multiples
qui s'agitent
et se combattent
dans la société,
ne peuvent-elles
pas s'assimiler
aux cas d'aliénation
correspondants :
folie religieuse ;
délire ambitieux,
manie des grandeurs,
de la richesse,
de la puissance ;
délire de persécution ;
affolement de liberté ;
fureur de toute contrainte ;
démence d'amour
et tant d'autres ?

Mémoires du Baron Haussmann,
Victord-Havard Éditeur,
1890-1893,
Le Seuil, 2000.

Le col du Port dans l'Ariège,
entre Tarascon et Saint-Girons

animent fêtes et banquets la heurtera sans doute, mais un sentiment d'estime et d'affection réciproque liera toujours les deux époux. Malgré des incartades et même une longue liaison, Haussmann ne survivra pas un mois à sa femme.

1809 Naissance

Encore huit ans sous-préfet

À Saint-Girons, Haussmann s'acquitte avec habileté des tâches régaliennes les plus impopulaires, dont la conscription et la lutte contre la contrebande d'armes à la frontière espagnole. Il établit un lien entre la qualité de l'eau et certaines pathologies ou malformations spécifiques à l'arrondissement. Il se lie avec le Dr Ferrus, qui soigne alors les « aliénés », et qu'il fera venir à Paris lors de la création des grands asiles, dans les années soixante.

1839 Saint-Girons

En 1841, il est nommé à Blaye, toujours comme sous-préfet. Géographiquement, il se rapproche de sa belle-famille. Il découvre les bons vins (sa cave devient l'une des plus réputées de France). Comme à Nérac, la création de chemins vicinaux exige énergie, mais aussi rhétorique, pour faire accepter les réformes aux notables locaux et aux riverains. De même, il convainc la ville de fonder un Collège communal pour permettre l'accès aux études supérieures.

Blaye : Haussmann y est sous-préfet
de 1841 à 1848.

L'échange d'un vieux chemin contre un terrain destiné au percement d'une route entraîne la protestation des riverains, qui, relayée par des notables influents, tourne bientôt à la polémique. Le préfet Sers soutient Haussmann auprès du ministre de l'Intérieur, qui a réclamé un rapport et suggère sa promotion au grade d'officier de la Légion d'honneur, ce qui est fait en février 1847.

Que le temps semble long à l'impatient sous-préfet ! Au début de l'année 1848, on lui propose enfin une préfecture : Angoulême, en Charente ! Quelques jours encore, et il doit recevoir la confirmation officielle de son affectation…

1809 Naissance

1841 Blaye

Profession de foi politique

Démocrate et très libéral, mais non moins autoritaire, j'avais, et j'ai toujours, l'intime et profond sentiment qu'en France, la seule forme pratique de la démocratie est l'Empire.
Notre pays, le plus « un » du monde entier a besoin d'un gouvernement qui le soit. Il faut qu'une seule main, ferme au-dedans, afin d'avoir le droit de l'être au dehors, dirige ses affaires. Les intérêts qui s'y meuvent exigent la stabilité du pouvoir exécutif dans son expression suprême : l'hérédité ; mais sous la réserve des droits inaliénables, imprescriptibles, de la « Souveraineté du Peuple », dont la constitution directement émanée d'un acte de sa volonté, doit consacrer formellement l'exercice. [...]
Mais je le confesse, j'ai horreur du régime parlementaire, qui met le gouvernement dans une Assemblée mobile, imposant au choix d'un chef d'État nominal, des ministres sans cesse renouvelés ; agitée par la compétition de partis se disputant le pouvoir, afin d'en distribuer les faveurs, sinon l'exploitation, entre leurs affidés, au lieu de se montrer animée de la noble ambition de servir utilement la Patrie.

Mémoires du Baron Haussmann, Victord-Havard Éditeur, 1890-1893, Le Seuil, 2000.

L'engagement politique

L'abolition de l'esclavage dans les colonies françaises en 1848

1809 Naissance

1848 Bordeaux

Une révolution décisive

La révolution de 1848 fait non seulement passer à la trappe la nomination d'Haussmann au poste de préfet, mais la République, proclamée sous la pression populaire, inquiète la bourgeoisie bordelaise, dont il s'honore d'être membre. Lorsque, le 15 mars, il quitte Blaye pour la préfecture de Bordeaux, il s'attend à être reçu en démissionnaire ou démissionné.

Il n'en est rien. Le commissaire-préfet de Sers, Chevallier, républicain modéré décoré de Juillet, lui offre de servir la République. Malgré sa répugnance à faire partie d'une administration révolutionnaire, Haussmann accepte, non sans demander l'aval des notables bordelais.

En mars 1848, il est nommé conseiller de la préfecture de Gironde. Sans faire officiellement de politique, il veille, par son influence, au maintien de l'ordre. On lui propose le poste de commissaire-préfet puis, une fois les préfets rétablis, celui de préfet de Charente-Maritime. Par deux fois, il refuse.

Convictions politiques

Les raisons des refus d'Haussmann ont une cause : la volonté de servir Louis-Napoléon Bonaparte, qui, dès la chute

Haussmann refuse la préfecture de Charente-Maritime

Je fus avisé du prochain remplacement des commissaires du Gouvernement provisoire dans les départements par des préfets et de l'accord des plus considérables des députés de la Gironde pour demander collectivement ma nomination à Bordeaux. Je m'empressais de répondre [...] :
– « Je ne désirais pas rentrer dans l'Administration active avant le vote de la constitution et l'installation d'un gouvernement définitif. »
– Je n'ajoutais pas qu'en présence du mouvement d'opinion s'accusant de plus en plus vers le prince Louis-Napoléon, je ne voulais pas accepter un poste où mon devoir officiel pourrait être de le combattre tandis que mes sentiments personnels me commanderaient de soutenir sa cause. Mais ce fut la raison décisive de mon refus.

Mémoires du Baron Haussmann, Victord-Havard Éditeur, 1890-1893, Le Seuil, 2000.

Le prince Louis-Napoléon Bonaparte avant la révolution de 1848

de Louis-Philippe, est rentré de son exil à Londres pour se lancer à la conquête du pouvoir. Bientôt, Louis Napoléon est élu député. Haussmann a choisi son camp. Son adhésion au bonapartisme prend le pas sur son ambition personnelle. Il ne veut pas prendre le risque de servir un gouvernement hostile à Bonaparte, qui le forcerait à agir par devoir contre ses intimes convictions politiques. Il soutient activement la propagande favorable au futur prince-président lors des élections présidentielles, qui voient le triomphe de Louis Napoléon le 10 décembre.

1809 Naissance

Le 16, Haussmann sollicite une préfecture. En janvier 1849, il est reçu à l'Élysée et rencontre le prince-président qui le nomme préfet du Var, avec la charge de rallier à sa cause ce département.

1849 Préfet du Var

En première ligne

Haussmann s'attaque au développement du département, ce qui lui vaut le satisfecit du journal socialiste *Le Démocrate du Var* pour son soutien aux petits paysans qui revendiquent l'usage des pâturages communaux, dont les grands propriétaires bénéficient en priorité.

Mais sa mission est avant tout politique. Dans les villes industrieuses du Var, les socialistes gagnent du terrain. Haussmann fait face avec courage,

Contre le socialisme

Je traitai d'abord de l'esclavage des Noirs, mieux nourris, mieux logés, mieux soignés, plus heureux matériellement, en somme, sur les habitations et plantations de leurs maîtres, qu'ils ne l'auraient été, pour sûr, dans leur pays d'origine, et qui, cependant, n'avaient d'autre pensée que de reconquérir leur liberté perdue. Puis, passant de cette question à celle de l'Organisation du Travail, je demandai comment il pouvait se faire que les mêmes hommes qui s'élevaient, avec raison, contre l'odieux trafic des Nègres, songeassent, chez nous, à réduire les Blancs en servage, par l'application du socialisme, la négation la plus absolue d'une des premières libertés : celle du travail individuel.

Mémoires du Baron Haussmann, Victord-Havard Éditeur, 1890-1893, Le Seuil, 2000.

Le baron Haussmann dans les années cinquante

Portrait élogieux par un journaliste d'opposition

On a parfaitement compris qu'il y avait en lui un administrateur distingué ; que son caractère était empreint de loyauté ; que moins qu'un autre par le temps qui court, il est disposé à servir les rancunes du jésuitisme de 1815 à 1830 ; qu'en un mot, chez lui, l'homme vaut mieux que l'opinion, l'administrateur mieux que le fonctionnaire.

Le Démocrate du Var, 1849, cité dans les Mémoires du Baron Haussmann, Victord-Havard Éditeur, 1890-1893, Le Seuil, 2000.

désarme l'opposition par son sang froid, comme lors de sa traversée du village de La Garde-Freinet sous la menace d'« À mort le préfet ! ». À Draguignan, il empêche « les Rouges » de prendre la préfecture.

Sa détermination à combattre les socialistes se radicalise. Les lois répressives sur la presse et les associations, votées pendant l'été 1849, lui en donnent les moyens. Arrestations, interdictions et procès se succèdent. La magistrature, taxée de laxisme par Haussmann, ne le suit pas toujours et adresse ses doléances au ministre. En mars et en mai 1850, les résultats des élections partielles font apparaître une « heureuse amélioration » : la poussée socialiste est contenue.

1809 Naissance

1849 Préfet du Var

Une mission très politique

Haussmann n'a pas le temps de végéter dans le Var. Déjà, le prince-président a besoin de son efficace préfet pour une autre mission. Louis-Napoléon voit le département de l'Yonne, son meilleur soutien en 1848, lui échapper au profit de la gauche. En mai 1850, il dépêche Haussmann à Auxerre.

Dès son arrivée, Haussmann reprend en main le département : il suspend maire et adjoints et demande au ministre de dissoudre la Garde nationale. Ces

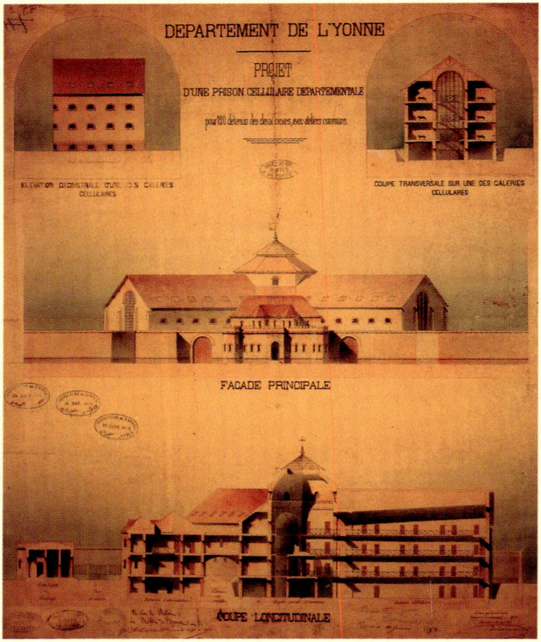

Projets d'une prison cellulaire départementale et d'un asile d'aliénés, plans établis en 1852 à la demande d'Haussmann lorsqu'il était préfet de l'Yonne

La suppression du droit de vote pour les non-résidents

Ces hommes que nous avons exclus, sont-ce les pauvres ? Non [...] [Ce sont les] vagabonds, ces hommes qui méritent le titre, l'un des plus flétris de l'histoire, entendez-vous, le titre de multitude [...]. Des amis de la vraie liberté, je dirais les vrais républicains, redoutent la multitude, la vile multitude, qui a perdu toutes les Républiques.

Adolphe Thiers, Discours parlementaires, Loi électorale du 31 mai 1850.

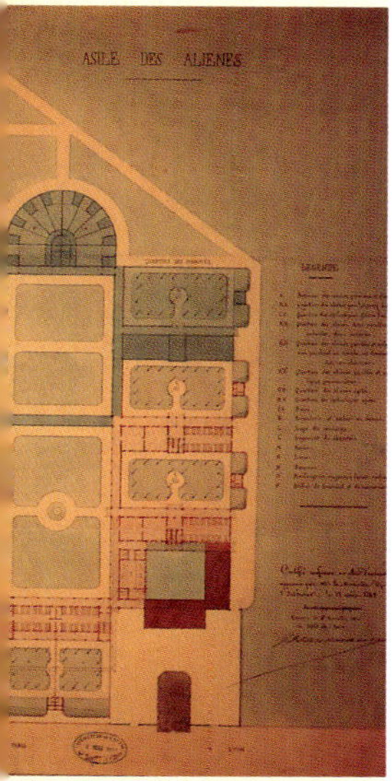

mesures, associées à une modification du code électoral qui limite le droit de vote aux résidents depuis trois ans au moins, permettent l'arrivée d'une majorité conservatrice au conseil municipal. Fort de ce résultat, Haussmann récidive à Joigny « la Rouge ».

1809 Naissance

Le maintien de l'ordre est une priorité absolue. Mais Haussmann n'est pas un boutefeu. Son courage physique le fait aller sans hésitation au-devant des manifestants et il évite de graves affrontements. Paradoxalement, le ministre de l'Intérieur lui reproche sa modération. Le préfet reprend son combat contre la presse d'opposition, intente jusqu'à l'excès des procès aux journaux qui critiquent Louis-Napoléon. Les résultats sont probants : lors du voyage du président à Tonnerre, en juin 1851, la foule crie « Vive Napoléon, vive l'Empereur ».

1851 Préfet de l'Yonne

Un hôpital psychiatrique, une prison et des bâtiments publics restaurés à l'aide d'emprunts et de subventions sont la trace la plus durable du passage d'Haussmann en Bourgogne.

Préfet commissaire à Bordeaux

Le 26 novembre 1851, satisfait, Louis-Napoléon nomme Haussmann préfet de la Gironde, un autre département sensible.

Au service du Prince

Parmi les personnes désignées par la Commission mixte de la Gironde pour être éloignées momentanément de France, figurait M. Henri Galos, ancien député [...] sous la monarchie de Juillet. [...] C'est l'âme du parti orléaniste dans la Gironde où il a des relations très étendues. Intrigant infatigable, il ne cesse de s'agiter pour créer des embarras au pouvoir. [...] J'apprends néanmoins par votre dépêche du 4, que le Prince-Président a déchargé complètement M. Galos de l'effet de la décision prise à son égard ! [...] Je ne puis pas me dispenser de vous déclarer, Monsieur le Ministre, que ce résultat de la bonté excessive du chef de l'État sera très fâcheux.

Lettre de Georges-Eugène Haussmann au ministre de la Police générale, le 6 avril 1852, Archives nationales.

Haussmann, qui se rend à Paris pour recevoir sa nomination, est dans la capitale le 2 décembre 1851, lors du coup d'État qui met fin à la seconde République. Il gagne ensuite Bordeaux en qualité de commissaire du Gouvernement, doté de pouvoirs exceptionnels. Sa mission est de prévenir la résistance des notables bordelais, qu'il connaît bien. Orléaniste, la bourgeoisie n'accepte pas le coup de force parisien et s'apprête à résister, avec l'aide du préfet sortant. Haussmann s'applique, non sans difficultés, à rallier au bonapartisme son département d'adoption.

1809 Naissance

La préfecture de la Gironde à Bordeaux

1851 Préfet de la Gironde

Le calme revenu, les préfets de France préparent la tournée triomphale du prince-président à travers le pays. Celle-ci se termine en apothéose, le 7 octobre 1852, dans la capitale girondine. Dans un discours resté célèbre, Napoléon annonce à Bordeaux son intention de rétablir l'Empire. Cette visite est l'occasion pour Haussmann de mettre en avant ses qualités d'organisateur. Rien n'est laissé au hasard pour accueillir dignement le prince : Garonne illuminée, soirée vénitienne organisée par un ingénieur encore inconnu, Jean-Charles Alphand. La mise en scène est parfaite. Le baron est fait commandeur de la Légion d'honneur.

Un « type » extraordinaire

Comme me l'avait prédit M. Frémy, alors secrétaire général de mon ministère, c'est M. Haussmann qui me frappa le plus. Mais chose étrange c'est peut-être moins les facultés de son intelligence remarquable que les défauts de son caractère qui me séduisirent. J'avais devant moi un des types les plus extraordinaires de notre temps. Grand, fort, vigoureux, énergique, en même temps que fin, rusé, d'un esprit fertile en ressources, cet homme audacieux ne craignait pas de se montrer ce qu'il était. Avec une complaisance visible pour sa personne, il m'exposait les hauts faits de sa carrière administrative, ne me faisant grâce de rien ; il aurait parlé six heures sans s'arrêter, pourvu que ce soit de son sujet favori, de lui-même. J'étais du reste loin de me plaindre de cette disposition. Elle me révélait toutes les faces de son étrange personnalité. [...] Je jouissais d'avance à l'idée de jeter cet animal de race féline au milieu de la troupe de renards et de loups ameutés contre toutes les aspirations généreuses de l'Empire.

Duc de Persigny, *Mémoires*, 1890.

Ami intime de Louis-Napoléon Bonaparte depuis 1834, le duc de Persigny (ici vers 1860) devient l'un de ses plus fervents soutiens. Il est successivement ministre de l'Intérieur et ambassadeur à Londres.

Les débuts du préfet de la Seine

Un bonapartiste comblé

Sire,
Le Sénatus-Consulte du 23 décembre dernier qui a modifié la formule du serment politique, m'impose un nouvel engagement envers votre Majesté, que je ne puis hésiter à prendre : c'est, en effet, la consécration officielle de l'attachement que j'ai voué à la cause impériale et dont, j'ose le dire, je n'en suis pas à faire preuve.
Je m'empresse de déposer entre les mains de votre majesté [...] le serment auquel je suis appelé par M. le Ministre de l'Intérieur :
« Je jure obéissance à la Constitution et fidélité à l'Empereur. »

Lettre de G.-E. Haussmann, le 8 février 1853, Archives nationales.

Haussmann demeure encore une année en Gironde, la première du second Empire que Louis-Napoléon fait plébisciter dès son retour de Bordeaux, en novembre, et proclamer le 2 décembre 1852. Haussmann conçoit un projet de création d'un Grand Bordeaux, qu'il n'a pas le temps de réaliser. Le 22 juin 1853, il est nommé préfet de la Seine.

Une nomination inespérée

Haussmann apprend sa nomination par une dépêche de Persigny, ministre de l'Intérieur : « Sa majesté a jugé qu'il fallait une main ferme, vigoureuse et dévouée comme la vôtre, pour mener à bien la grande entreprise de Paris. » Est-ce Persigny, plus que Napoléon III, qui a vu en Haussmann l'homme de la situation ? Dans ses *Mémoires*, Haussmann prétend qu'il a été surpris et qu'il a hésité à accepter. Sa famille et lui-même sont intégrés à la vie bordelaise. Un déménagement à Paris n'enthousiasme pas Octavie. Lui redoute la lourdeur de la tâche qu'on lui propose. Paris est une métropole surpeuplée, toujours prête à s'insurger (« un volcan » dit Victor Hugo). La tâche du préfet est lourde, d'autant

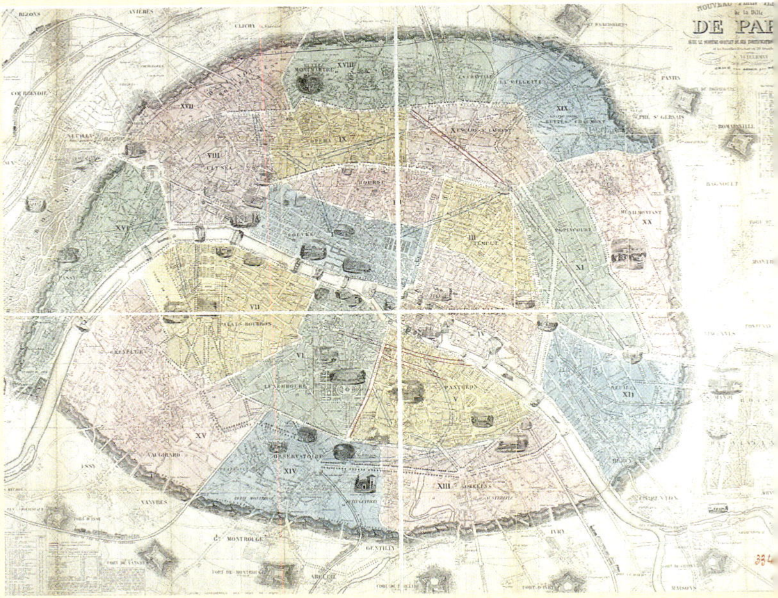

Un Paris contrasté

Il est dans Paris certaines rues déshonorées autant que peut l'être un homme coupable d'infamie ; puis il existe des rues nobles, puis des rues simplement honnêtes, puis des jeunes rues sur la moralité desquelles le public ne s'est pas encore formé d'opinion ; puis des rues assassines, des rues plus vieilles que de vieilles douairières ne sont vieilles, des rues estimables, des rues toujours propres, des rues toujours sales, des rues ouvrières, travailleuses, mercantiles. [...] La rue Traversière-Saint-Honoré n'est-elle pas une rue infâme ? Il y a là de méchantes petites maisons à deux croisées, où, d'étage en étage, se trouvent des vices, des crimes, de la misère. Les rues étroites exposées au nord, où le soleil ne vient que trois ou quatre fois dans l'année, sont des rues assassines qui tuent impunément. La Justice d'aujourd'hui ne s'en mêle pas.

Honoré de Balzac, « Ferragus », Revue de Paris, 1833.

plus que la capitale ne possède pas de maire. Mais, à quarante-quatre ans, cette nomination est une occasion unique, un défi !

1809 Naissance

La Grande Entreprise

La rénovation de Paris est à l'ordre du jour depuis plus d'un siècle. Les régimes qui se sont succédé depuis la Révolution n'ont pu, faute de temps ou de moyens juridiques et financiers, assainir « la plus opulente capitale de l'Europe ». Malgré la terrible épidémie de choléra de 1832, en dépit des rapports alarmistes, la structure de la ville est restée la même, des beaux quartiers de l'Ouest au centre délétère.

Plan de Paris en 1861, indiquant les changements déjà réalisés et les projets en cours

1853 Préfet de la Seine

Napoléon III fait de la transformation de Paris un atout majeur de sa politique moderniste et sociale. La capitale doit être une ville de luxe, intellectuelle et artistique, un centre de la Finance, un symbole de l'Ordre et du Progrès. Le temps presse, la révolution industrielle et la construction des chemins de fer drainent depuis dix ans une foule en quête de travail. La ville révolutionnaire est au bord de l'implosion. Les grands travaux fourniront de l'emploi à des milliers d'ouvriers et seront un facteur de stabilité sociale. La nouvelle physionomie de la ville doit permettre un meilleur contrôle des classes « dangereuses ».

Jean-Charles Alphand (1817-1891), ancien élève de l'École polytechnique, est chargé par Haussmann, à partir de 1854, de l'administration des promenades de la capitale.

Levée de bouclier

Dans certaines régions de la politique, quand on sut à quelles mains vigoureuses avait été confiée l'administration de Paris, il y eut un accès de rage, il se produisit alors un de ces phénomènes étranges si surprenant pour le public qui en ignore le secret, je vous parle de la rapidité avec laquelle un bruit, une calomnie peut se répandre. En moins de huit jours tout Paris, le Paris des salons, de la bourse, des boutiques et de la rue se disait, se répétait à l'oreille une de ces biographies habilement arrangées, avec les détails les plus précieux, le tout tendant à prouver que la nomination du nouveau préfet de la Seine était une erreur monstrueuse du gouvernement.

Duc de Persigny, Mémoires, 1890.

Eugène Belgrand (1810-1878), ingénieur, se voit confier par Haussmann les travaux d'assainissement de Paris : captage des sources d'eau potable ; construction de 144 km d'aqueducs, canaux et siphons ; création de 500 km d'égouts souterrains.

Le prédécesseur d'Haussmann, le préfet Jean-Jacques Berger, a refusé d'engager la ville dans des dépenses qui lui paraissaient aventureuses et extravagantes. C'est dans ce contexte qu'Haussmann arrive à l'Hôtel de Ville de Paris, siège de la préfecture.

1809 Naissance

Une équipe d'envergure

Éloigné de Paris et de son administration pléthorique depuis vingt ans, Haussmann comprend que la prudence est de rigueur. Il a l'appui de Napoléon III, mais compte avant tout sur lui-même. Il s'entoure d'une équipe de collaborateurs efficaces, dont il a apprécié les qualités durant ses années provinciales. Il gardera toujours auprès de lui ce noyau de fidèles. De Gironde le rejoignent : Laurent, son secrétaire particulier à Bordeaux, qui devient son chef de cabinet ; Jean-Charles Alphand, ingénieur des Ponts et Chaussées qui a préparé la réception de l'empereur en 1852 ; son ami Barillet Deschamps, de la Société d'horticulture de Bordeaux ; Ferrier des Tourettes, son chef de cabinet dans l'Yonne, qui l'a déjà suivi à Bordeaux et qui devient secrétaire du conseil général et du conseil municipal ; Ferdinand Le Roy, rencontré au lycée, qui prend en charge la Caisse des travaux de Paris. Eugène Belgrand, dont

1853 Préfet de la Seine

Directives de l'Empereur

1. Que toutes les grandes artères aboutissent aux chemins de fer ;
2. Que la hauteur des maisons soit toujours égale à la largeur de la rue et ne l'excède jamais ;
3. Que dans les tracés des grandes rues les architectes fassent autant d'angles qu'il est nécessaire afin de ne point abattre, soit les monuments, soit les belles maisons, tout en conservant les mêmes largeurs aux rues, et qu'ainsi l'on ne soit pas esclave d'un tracé exclusivement en ligne droite ;
4. Qu'une carte désignant tout l'ensemble des projets soit imprimée et rendue publique ;
5. Que le plan s'étende jusqu'aux fortifications ;
6. Que les travaux soient entrepris également sur la rive gauche comme sur la rive droite ;
7. Que les travaux d'amélioration commencent :
–A, par la prolongation de la rue

La rue de Breteuil (aujourd'hui disparue) dans le Sentier, vue prise de la rue Réaumur (cliché Marville)

de Rivoli jusqu'à la rue du faubourg Saint-Antoine ;
-B, par la prolongation du boulevard de Strasbourg jusqu'au quai ;
-C, par le boulevard Malesherbes ;
-D, sur la rive gauche, par la prolongation de la rue des Écoles jusqu'à la place Sainte-Marguerite d'un côté, et de l'autre jusqu'à l'embar-cadère du chemin de fer d'Orléans en traversant le jardin des Plantes.

Lettre du duc de Persigny au comte Siméon, le 2 août 1853, Archives nationales.

Haussmann a autrefois apprécié les travaux d'aménagement du réseau de distribution des eaux à Avallon, rejoint l'équipe. Ponctuellement, Haussmann fait appel à des spécialistes, tel le chimiste Jean-Baptiste Dumas, ami de Louis Pasteur, qu'il pousse à la présidence du conseil municipal et dont les avis seront précieux pour toutes les questions scientifiques : le problème de l'eau, la désinfection des égouts, l'organisation du réseau sécurisé de distribution du gaz, la mise au point d'un bec de gaz économique…

1809 Naissance

La grande croisée

Le jour où Haussmann prête serment devant l'empereur, ce dernier lui présente une carte coloriée de sa main, sur laquelle figurent les grandes voies qu'il veut voir percer dans Paris, selon leur ordre de priorité.

1853 Serment

Napoléon III veut relier les gares entre elles. Ces bâtiments récents attirent de plus en plus de population et d'activités, ce qui entraîne des problèmes inextricables d'asphyxie et d'insalubrité dans certains quartiers. Redessiner de grands axes de circulation est devenu une priorité. Le deuxième objectif de l'empereur est de décongestionner le centre surpeuplé en dégageant deux voies principales, selon un axe est-ouest et un axe nord-sud : la « grande croisée ».

Une nouvelle place

Lors du prolongement de la rue de Rivoli, de la place de l'Hôtel de Ville à la rue Saint-Antoine, jusqu'à la place de la Bastille, j'avais fait réserver, entre ces deux grandes artères, sur l'ancienne petite place Baudoyer, considérablement agrandie, derrière la caserne Napoléon, un grand terrain s'étendant jusqu'à la rue du pont Louis-Philippe, sur lequel M. Bailly édifia la grande et belle mairie du quatrième arrondissement, isolée sur ses quatre faces.

Mémoires du Baron Haussmann, Victord-Havard Éditeur, 1890-1893, Le Seuil, 2000.

Le coup de balai

Ce fut une grande satisfaction pour moi de raser tout cela pour mes débuts à Paris. Depuis ma jeunesse, l'état délabré de la place du Carrousel, devant la cour des Tuileries, me semblait une honte pour la France, un aveu d'impuissance de son gouvernement, et je lui gardais rancune.

Mémoires du Baron Haussmann, Victord-Havard Éditeur, 1890-1893, Le Seuil, 2000.

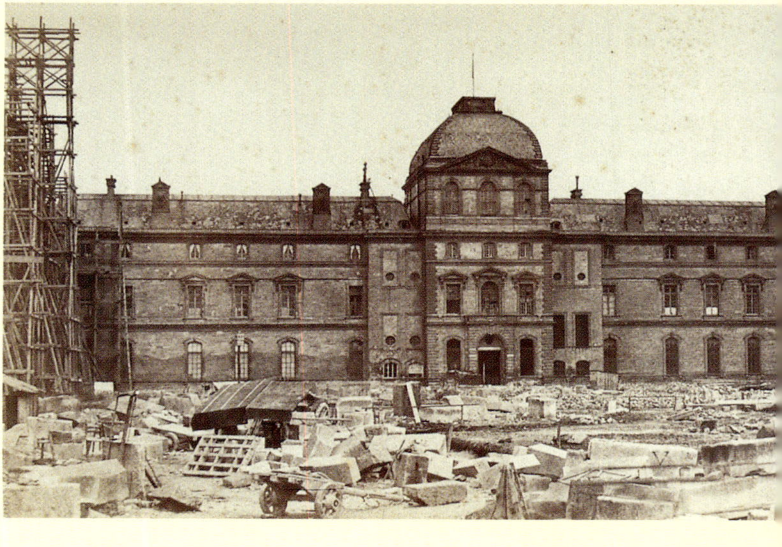

Haussmann ne décide pas les premiers travaux qu'il entreprend : de 1853 à 1858, il achève les chantiers de ses prédécesseurs. Mais ses succès lui permettent d'affirmer son pouvoir.

1809 Naissance

En effet, certaines réalisations rencontrent des difficultés techniques qu'il convient de lever au plus vite. Eugène Deschamps, architecte qui végète à la préfecture et qu'Haussmann a d'emblée remarqué, est chargé d'effectuer un relevé topographique de Paris. Deschamps et le service du Plan ne cesseront de prendre de l'importance.

Réunion des Tuileries au Louvre, 1852-1857 : élévation du fond du vieux Louvre

Le relevé effectué, les travaux reprennent. La rue de Rivoli, axe est-ouest de la « grande croisée », du Louvre à la place de l'Hôtel de Ville, est prolongée. Le percement de la voie entraîne des centaines de démolitions et des milliers de mètres cubes de déblaiement pour la remise à niveau des immeubles dont le rez-de-chaussée surplombe de plusieurs mètres le niveau de la rue et des voies de dégagement, également en saillie. Haussmann rase des maisons place de Grève (place de l'Hôtel de Ville) et y implante le premier des squares dont il parsèmera Paris. Les habitants, Parisiens « de souche », trouvent refuge à la périphérie de la ville, à Belleville, par exemple.

1854 Grande croisée

Le dégagement des gares de l'Est et du

Le Fashion

On sait des Parisiennes
qui mourraient certainement
tous les soirs si elles ne faisaient
pas, chaque jour, une promenade
autour du lac. Ce n'est plus pour
elles une habitude, c'est un besoin.
[...] Les belles promeneuses
tournent ainsi l'espace d'une heure
ou deux autour d'une pièce d'eau,
comme des écureuils dans leur
cage, mais plus lentement ;
elles se regardent, se saluent
et se déchirent.

A. Achard, « Le bois de Boulogne, les Champs-Élysées, le bois et le château de Vincennes », Paris-Guide, 1867.

Nord par le percement du boulevard de Strasbourg est vite achevé. Mais l'artère débouche sur la rue Saint-Denis, étroite, commerçante et embouteillée. Napoléon III et Haussmann choisissent d'effectuer une percée en ligne droite jusqu'au Châtelet : le boulevard du Centre, futur boulevard de Sébastopol. Le cœur insurrectionnel de Paris disparaît.

1809
Naissance

Le bois de Boulogne

Haussmann termine également le bois de Boulogne tant désiré par l'empereur paysagiste, qui a été séduit par les parcs londoniens, et l'hippodrome de Longchamp. Avec ses pièces d'eau et ses cascades, le Bois suscite un véritable engouement. Les terrains de Neuilly et Boulogne situés en bordure du Bois sont revendus avec une forte plus-value, ce qui diminue le coût des travaux.

1854
Bois de Boulogne

Le jardin d'Acclimatation

Les Halles

Dernier chantier dans l'impasse : le marché de gros des Halles. Napoléon III fait démolir la première réalisation, peu fonctionnelle, de l'architecte Victor Baltard. Haussmann accorde une seconde chance à ce protestant et le presse de suivre au plus près les directives de l'empereur, qui souhaite que l'on emploie des matériaux modernes : le fer et le verre, qui forment des sortes de

Les Halles centrales de Paris, construites par Victor Baltard, de 1854 à 1870

parapluies. Le résultat est probant, et les halles de Baltard serviront de modèle pour les marchés couverts du monde entier.

1809 Naissance

Des « dépenses productives »

Pour poursuivre sa « grande entreprise », Haussmann examine soigneusement le budget de Paris, qui s'élève à 10 millions de francs, malgré la charge de la dette liée aux premiers travaux. Les recettes fiscales sont en constante augmentation grâce à l'accroissement de la population et aux revenus de l'octroi, un impôt prélevé sur les marchandises qui entrent dans la capitale. Haussmann, comme Persigny, pense que les dépenses projetées par la ville sont des investissements, des « dépenses productives » qui permettront de développer les activités, donc de générer des bénéfices. Cinq conseillers municipaux refusent de le suivre et démissionnent. Un emprunt de soixante millions, à trois pour cent, est voté. Un souci de bonne gestion conduit Haussmann à le mobiliser en trois tranches annuelles.

1853 Caisse de la Boulangerie

La Caisse de la boulangerie

Haussmann doit faire face à un problème social important. Depuis 1853, une série de mauvaises récoltes affecte la production de blé. La flambée du prix de la

Parfum de scandale

On s'occupe ici des débordements de nos hauts fonctionnaires. M. le marquis de Moustier, notre ministre à Berlin, [...] a fait un enfant à la fille du ministre de Sardaigne en Prusse. [...] Cela scandalise fort à Paris et encore plus à Berlin. D'un autre côté, notre préfet de la Seine est amoureux fou de Mlle Cellier de l'Opéra. Il porte son éventail et son châle dans les coulisses et s'affiche un peu plus qu'il n'appartient à un préfet. Mme Haussmann est devenue folle non par amour, mais par jalousie, à ce qu'on prétend : elle est à Bordeaux avec sa famille. Tout cela n'a pas trop bon air.

Lettres de Prosper Mérimée à Madame de Montijo,
le 3 avril 1858, Mercure de France, 1995.

farine nécessaire à la fabrication du pain blanc, base de l'alimentation de l'ouvrier parisien, provoque des émeutes. Bloquer le prix du pain à un niveau « raisonnable » contraindrait la municipalité à dédommager de manière importante les boulangers.

Haussmann se souvient d'un ingénieux système de compensation imaginé par un maire alors qu'il était sous-préfet de Nérac et crée sur ce modèle la Caisse de la boulangerie, qui achète la farine nécessaire pour le département et la revend aux boulangers à un prix stable. Au départ, la revente se fait à perte et la caisse emprunte. Mais, lors du retour de bonnes récoltes, la revente se fait avec profit, ce qui permet de rembourser les emprunts. Ce système extrêmement efficace fonctionnera jusqu'en 1870.

1809
Naissance

1856
Grand Officier de la Légion d'honneur

Francine Cellier (1841-1891), actrice et maîtresse d'Haussmann

La consécration

Les préfets sont les favoris du régime. Expression de la volonté de Napoléon III, ils doivent refléter la vitalité et les fastes de l'Empire. Haussmann, qui se décrit lui-même comme un « *fashionable* soigneusement tenu », se trouve dans son élément. Le somptueux Hôtel de Ville, restauré à grands frais, décoré par Delacroix et doté de moyens de fonctionnement considérables, devient le lieu le plus prisé des fêtes parisiennes.

Valentine Haussmann

Nous avons eu aussi M. et Mlle Haussmann. Elle est très belle pour ceux qui ont goût de la chair belle et blanche, mais elle est commune comme son père [...]. Il y avait un ballet où elle dansait. Ces dames aiment assez à danser le cancan où elles excellent et Mlle H. a un talent assez distingué en ce genre ; son père n'a pu s'empêcher de lui dire : « Ma fille, tu danses comme une pas grand'chose. » Cela se passait à une répétition où il y avait une douzaine de personnes. Elle s'est tournée vers ce petit public en disant : « Comme mon père débine sa marchandise ! »

Lettres de Prosper Mérimée à Madame de Montijo, le 27 novembre 1861, Mercure de France, 1995.

Une fête
à l'Hôtel de Ville
(vue de l'escalier
conduisant au jardin)

Haussmann y vit et y reçoit. Chaque visite de souverain étranger est une apothéose de décorations féeriques, banquets, spectacles, bals et autres feux d'artifice.

Le 5 avril 1858, l'inauguration du boulevard du Centre (actuel boulevard de Sébastopol) donne lieu à une mise en scène théâtrale au cours de laquelle l'empereur s'avance à cheval devant son état-major. Napoléon III rend hommage à son préfet, qu'il nomme bientôt sénateur et qu'il confirme dans ses responsabilités de rénovateur de la capitale.

Refouler les fauteurs de troubles

Il faudrait que tout le monde m'aidât, au lieu de s'entendre pour m'entraver dans l'ouverture de ces grandes artères stratégiques allant du centre à la circonférence de Paris, qui refouleront peu à peu les ouvriers à l'extérieur pour les y disséminer et qui serviront aussi à les y suivre pour les contenir au besoin. [...]
Mais c'est une barbarie que de vouloir [...] faire [de Paris] un atelier, une collection de grandes cheminées à fumée noire et c'est le comble de la déraison politique que d'y entasser, comme pour y former à plaisir un centre insurrectionnel, des masses grossières et stupides d'ouvriers à marteau [...] qui se lèvent au mauvais jour pour courir sus à tous les gouvernements avant que la France surprise n'ait eu le temps de s'y opposer.

Lettre de Georges-Eugène Haussmann à Persigny, le 22 juin 1857, Archives nationales.

La transfiguration de Paris

1809
Naissance

Le Paris haussmannien

Malgré les manifestations fastueuses et les inaugurations spectaculaires, les années 1856-1858 sont difficiles : le crédit s'épuise, le bâtiment ralentit, le coût de la vie et les loyers augmentent. Mécontents, les Parisiens élisent cinq députés républicains lors des élections de 1857. Napoléon III, qui gardait l'espoir de rallier les classes défavorisées au régime, en est affecté.

Haussmann décide de mener une politique plus autoritaire, tout en accélérant la transformation de la capitale. Dans ce Paris qu'il redessine, ni les manufactures ni les ouvriers n'ont de place : les premières parce qu'elles défigurent Paris et le rendent insalubre, les seconds parce qu'ils forment une « masse grossière et stupide », prompte à se soulever. On est loin des discours à tonalité sociale de l'empereur. Haussmann ne se contente plus de terminer les projets entamés avant lui. La construction du Paris haussmannien débute.

1858
Deuxième
réseau

La rue Champlain (Ménilmontant, cliché Marville)

Le Traité des 180 millions

Le financement de ces nouveaux travaux, le « deuxième réseau », repose sur l'en-

Les travaux à Saint-Germain-des-Prés en 1867-1868

La morgue du préfet

Voici le témoignage de Madame Baroche, la femme de Pierre-Jules Baroche, plusieurs fois ministre et président du Conseil d'État, hostiles aux travaux (et aux dépenses) engagés par Haussmann.

C'est ce que notre magnifique préfet appelle une bagatelle [...]. Nos deux députés [étaient] plus soucieux des deniers que des travaux publics en présentant en termes parlementaires à M. Haussmann que la chambre voterait ces cinquante millions à regret [...]. « Ah ! les députés, les conseillers d'État trouvent mes demandes exagérées et veulent, dites-vous, y mettre un frein, moi, je vous dis qu'il n'y a que des idiots et des imbéciles qui peuvent me refuser leur vote. [...] Nous verrons bien, je suis sûr de l'appui de l'Empereur, et des députés, je m'en fous, et des conseillers d'État, je m'en fiche comme de ça ; en dépit de tout, mes plans recevront leur exécution. » Pourquoi cette nuance délicate en faveur des conseillers d'État ?

J. Baroche, *Notes et souvenirs de seize années*, 1855-1871.

gagement pris par la ville d'ouvrir vingt et une voies nouvelles en deux ans, soit vingt-six kilomètres de rues, y compris dans les quartiers excentrés : c'est le Traité des 180 millions de mars 1858, par lequel l'État finance un tiers (60 millions) des dépenses, deux tiers restant à la charge de la ville.

1809 Naissance

Mais la reprise des travaux et leur ampleur suscitent des remous. Les députés de province protestent contre la participation financière du pouvoir central, qui favorise la capitale. Après d'âpres discussions, qui prennent en compte la nécessité de fournir du travail aux ouvriers, le corps législatif ramène la participation de l'État à 50 millions et autorise la ville à emprunter 120 millions. À ces ressources s'ajoutent les excédents des recettes de la ville (impôts, octroi, patentes, taxes diverses...), les bénéfices tirés de la revente des matériaux de démolition (cheminées, portes, éléments de décors, gravats) et de la vente des terrains qui ont fait l'objet d'une expropriation, avec la considérable plus-value qu'entraîne l'ouverture de nouvelles voies.

1858 Deuxième réseau

En 1858, le préfet suscite la création de la Caisse des travaux, qui lance des emprunts à court terme. Elle fournit à la ville une trésorerie souple, qui lui permet de payer les expropriations et de rem-

La circulation n'aime pas les détours

Haussmann défend au Sénat son projet d'établir « une communication directe entre la rue de Vaugirard et la rue d'Enfer », au prix d'une mutilation du jardin du Luxembourg.

La circulation n'aime pas les détours. On a beau dire que la corde de l'arc n'est pas beaucoup plus courte que l'arc qu'elle tend, que l'hypoténuse d'un triangle rectangle n'est que d'un septième plus courte que l'ensemble des deux autres côtés, la circulation ne fait pas tous ces raisonnements ; quand on veut l'obliger à s'y soumettre, elle s'abstient ; et par là, des quartiers importants se trouvent dépréciés. Il y a de ce fait un exemple frappant : la rue de Londres, qui aboutit à la place de l'Europe, est continuée au-delà de la rue de Constantinople. Eh bien ! la rue de Londres est depuis longtemps bâtie des deux côtés, et sur la rue de Constantinople, au contraire, il ne se fait aucune construction. Pourquoi ? uniquement parce qu'il faut faire le tour du jardin de la place de l'Europe.

Compte rendu de la séance du 1er mai 1861 au Sénat, cité dans Le Temps, jeudi 2 mai 1861.

bourser dès la revente des terrains. On expulse plus qu'il est nécessaire et plus rapidement, pour éviter la montée des exigences des propriétaires. Haussmann peut prétendre que pour une maison détruite, deux sont reconstruites, mais les loyers augmentent et les migrations vers la périphérie s'amplifient.

1809 Naissance

Les grandes voies

Haussmann crée un réseau de communication qui intègre tous les quartiers. À partir des places dont les noms actuels sont Nation, République, Saint-Augustin rayonnent de grandes percées, relayées par des voies secondaires. L'avenue haussmannienne, emblème de la nouvelle structure, est large et droite, à pente aplanie ; elle est agrémentée de trottoirs plantés d'arbres et aboutit à un monument visible en perspective. Le macadam est préféré aux pavés, projectiles trop tentants en cas d'émeutes.

1861 Inauguration du boulevard Malesherbes

La rue Soufflot et le Panthéon à la fin du second Empire

Le style haussmannien

Haussmann veut une ville classique. Il examine les plans présentés par de nombreux architectes, suit les ordres de Napoléon III, et opte pour un modèle unique de maisons. Les immeubles cossus qui bordent les voies les plus importantes sont en pierre de taille, enfilade de larges façades aux dimensions iden-

Le Grand Paris

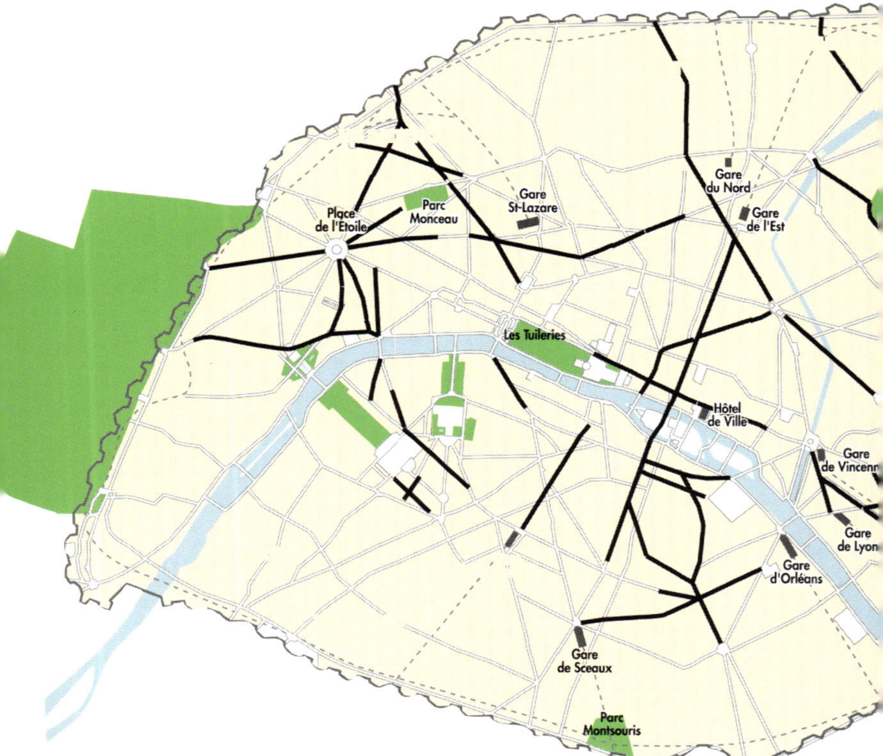

tiques, à balcons en fonte ornée. Les portes cochères rappellent les maisons aristocratiques et témoignent de la montée en puissance d'une bourgeoisie nouvelle. À partir de ce modèle se déclinent toutes les variantes, en fonction des dimensions des rues et des logements. La décoration des fenêtres, des balcons, des portes, des corniches évite la monotonie. Tous les quartiers de Paris sont touchés, toutes les couches sociales sont concernées : de la très grande bourgeoisie aux catégories modestes.

1809 Naissance

Le Grand Paris

Jusque-là, Paris est confiné dans l'« enceinte des fermiers généraux », un mur de six mètres de haut, percé de cinquante-quatre portes, dont le franchissement donne lieu à un droit de douane (l'octroi). Depuis longtemps, l'extension de la ville aux communes alentour apparaît nécessaire. Les habitants des banlieues, surtout ceux du nord et de l'est industrialisé, vivent dans le dénuement. Beaucoup ont été chassés de Paris par les travaux.

1860 Le Grand Paris

Haussmann, pour qui le désordre et l'ignorance ne sauraient avoir droit de cité et qui accorde une réelle importance aux motifs sécuritaires, défend ardemment le projet du grand Paris. La loi d'annexion est promulguée en

Des travaux herculéens

On a déplacé avec un succès complet la fontaine de la place du Châtelet ; l'opération était très difficile, car non seulement il fallait la déplacer, mais encore l'élever de trois mètres et lui faire opérer un mouvement de torsion sur son axe par suite des nécessités de nivellement, et pour la mettre dans l'axe du nouveau pont aux Changes. Ce pont a été reconstruit, non comme on l'a prétendu par pure fantaisie ; mais afin de le placer dans l'alignement du Palais de Justice et de façon qu'il desservît mieux la circulation entre le boulevard Sébastopol, rive droite et rive gauche, et les rues Saint-Denis et Saint-Martin, deux des rues les plus fréquentées de Paris.

Compte rendu de la séance au Sénat du 1er mai 1861, Le Temps, 2 mai 1861.

En 1859, Napoléon III remet au baron Haussmann le décret d'annexion des communes limitrophes.

novembre 1859. Onze communes sont intégrées à Paris : Grenelle, Vaugirard, Bercy, Charonne, Belleville, La Villette, La Chapelle, Montmartre, Les Batignolles, Passy et Auteuil. La capitale double presque de superficie, avec 7 807 hectares, et dépasse un million cinq cent mille habitants. Le préfet ne modifie pas les arrondissements, mais instaure une nouvelle numérotation en forme de coquille d'escargot.

Il préférerait que Paris s'étende à l'ensemble du département de la Seine, mais recule devant les oppositions, d'autant que l'empereur se trouve en Italie pour cause de guerre. L'impératrice et le président du Conseil d'État, qui ne sont pas mécontents de limiter les exigences du préfet, refusent d'inclure une bande de deux cents mètres de large au-delà des fortifications, dont Napoléon III voulait faire une ceinture verte.

1809 Naissance

1859 Magenta et Solferino

Le troisième réseau

L'aménagement des communes annexées, le « troisième réseau », est entièrement à la charge de la ville. Le « deuxième réseau » (le programme précédent) étant déficitaire (400 millions au lieu des 170 prévus), Haussmann profite du lancement d'un nouvel emprunt, en 1865, pour l'achever.

Le « troisième réseau » comprend la construction de 25 km de voies. La ville

Une idée bizarre ?

En 1860, lors de l'annexion des communes de Belleville et de la Villette à Paris, des ateliers d'équarrissage et un dépotoir de vidangeurs [...] rendaient ces parages infects et peu sûrs. Je conçus l'idée, bizarre au premier aspect, d'en faire, après les avoir débarrassés de ces établissements insalubres, un lieu d'attrait pour les populations des XIXe et XXe arrondissements nouveaux par la conversion en promenade publique de 25 hectares de terrain.

Mémoires du Baron Haussmann,
Victord-Havard Éditeur, 1890-1893, Le Seuil, 2000.

emprunte 270 millions en juillet 1865. Haussmann inclut au projet l'aménagement de rues de l'ancien Paris qu'il n'a pas pu faire inscrire dans le « deuxième réseau ». Il fait abattre le mur des fermiers généraux, remplacé par une enfilade qui dessine une rocade : sur la rive gauche, les actuelles rues de Tolbiac, Alésia, Vouillé et Convention permettent de traverser la ville d'est en ouest en évitant le centre. Les grandes artères sont prolongées jusqu'aux nouvelles portes et reliées à la périphérie par le boulevard des Maréchaux.

1809 Naissance

Les promenades de Paris, le parc Monceau, vue de la Naumachie, Paris, 1868

L'équipement des nouveaux quartiers

Les communes annexées sont disparates, ce qui complique la tâche du préfet qui met la même énergie à rénover les quartiers populaires de l'Est que ceux, résidentiels et huppés, de l'Ouest.

1867 Asile Sainte-Anne

Il assure la viabilité et construit écoles, mairies, lieux de culte, casernes, hôpitaux et prisons. Assisté par Jean-Charles Alphand, l'ingénieur paysagiste devenu chef du Service des promenades et des plantations, il crée deux nouveaux parcs dans le style des jardins anglais : Montsouris et les Buttes-Chaumont. Haussmann implante ce dernier dans d'anciennes carrières sinistres, entre Belleville et La Villette, quartiers qui

Assainir la ville

[Haussmann] a su faire comprendre au gouvernement, au parlement et au conseil municipal, avec l'énergie et le talent qui le caractérisaient, les avantages considérables, tant pour la salubrité que pour la beauté de la ville, qui devaient résulter de la création de belles promenades et de la plantation de nos voies publiques. [...] Parallèlement à ce travail étaient créées ces magnifiques galeries souterraines que l'on visite aujourd'hui comme une des curiosités les plus intéressantes de Paris. [...] Les bons effets que le baron Haussmann attendait de ces travaux n'ont pas tardé à se manifester d'une façon éclatante ; les maladies épidémiques, autrefois si fréquentes et si meurtrières, ont décru dans des proportions considérables.

Jean-Charles Alphand, discours à l'Académie des beaux arts, le 26 décembre 1891, cité dans *Mémoires du Baron Haussmann*, Victord-Havard Éditeur, 1890-1893, Le Seuil, 2000.

Travaux d'adduction des eaux de la Dhuys vers Paris

abritent les habitants les plus misérables. Ce travail de romain avec cascades, grilles, grottes... est une incontestable réussite. À l'est, le bois de Vincennes est annexé au domaine municipal.

1809 Naissance

Simultanément, Haussmann lance d'autres chantiers, dessine la place sur laquelle un nouvel Opéra verra le jour. Il a refusé que le boulevard Saint-Michel porte son nom, mais accepte que ce soit le cas de l'artère qui passe sur les lieux même de sa naissance, dont il a fait démolir la maison.

L'approvisionnement en eau de la capitale

Parallèlement à ces grands travaux de réaménagement de la ville, Haussmann se préoccupe de faire aboutir un projet auquel il tient : fournir à domicile aux Parisiens de l'eau pure en abondance. Il achète les sources de la Dhuys dans l'Aisne et de la Vanne dans l'Yonne. Deux aqueducs construits par Eugène Belgrand acheminent l'eau vers les réservoirs de Ménilmontant et de Montsouris. Il fait construire un réseau souterrain pour l'évacuation des eaux usées, fait creuser 400 km de galeries nouvelles et installer 50 km d'un réseau d'eau potable. La visite des égouts-galeries, avec leurs voûtes de pierre, devient une attraction

1865 Eaux de la Dhuys à Paris

Un curieux divertissement

C'est devenu une sorte de partie de plaisir de visiter les égouts ; tous les mois on y fait une promenade publique, et les billets distribués par l'administration sont fort recherchés. Le trajet n'est pas bien long, mais il suffit pour amuser les curieux, que l'on amène d'abord en wagon, et ensuite en bateau. Le voyage est limité, il commence au Châtelet et finit à la place de la Madeleine. [...] On descend sur la banquette, et l'on aperçoit une flottille de cinq ou six bateaux peu pavoisés, mais éclairés d'une lampe ; on s'y embarque, et, sous la conduite de « mariniers » vêtus d'une blouse bleue, on gagne, au fil de l'eau, la chambre de la place de la Madeleine.

Maxime Du Camp, *Paris, ses organes, ses fonctions et sa vie*, 1871.

parisienne et même internationale. La salubrité de la ville est enfin assurée.

1809 Naissance

Un simple préfet ?

Haussmann partage la gestion des affaires du département avec le préfet de police. La répartition des tâches entre eux date du premier Empire et n'est plus adaptée à la nouvelle situation, qui a considérablement accru le rôle des pouvoirs publics. Si la préfecture de la Seine décide du choix du revêtement des rues, de l'installation de l'éclairage public, de la création du réseau d'égouts, leur entretien dépend de la préfecture de police. Chaque préfecture défend ses prérogatives et met autant de mauvaise volonté que possible à gêner l'autre. En 1859, Napoléon III met fin à cette « guerre des services » et accorde à Haussmann toutes les fonctions administratives qu'il désire.

1859 Renforcement des responsabilités de la Préfecture de la Seine

Haussmann veut plus encore. Sous prétexte que Paris « appartient à la France et non aux Parisiens », il veut être « ministre de Paris ». Il souffre de n'être qu'un simple préfet, un subordonné ! Par trois fois, l'empereur lui propose les portefeuilles de l'Intérieur, de l'Agriculture, des Travaux publics. Par trois fois, il refuse ! Il souhaite devenir ministre tout en conservant Paris. Napoléon III lui accorde alors les prérogatives d'un

Visite des égouts de Paris sous le second Empire

Petites mesquineries

Ces messieurs ne tinrent pas compte de l'obligation de [...] me traiter comme une sorte d'égal, siégeant de pair avec eux, dans les conseils de la majorité.
Il n'est pas de moyens, auxquels ils n'aient eu recours, afin de me faire sentir et de bien marquer partout, que nos distances hiérarchiques restaient les mêmes ; qu'une distance existait toujours entre nous, que j'étais un simple préfet (partant leur subordonné) investi par l'Empereur, pour des raisons passagères, d'attributions exceptionnelles, mais dont le rang officiel n'avait pas changé.

Mémoires du Baron Haussmann, Victord-Havard Éditeur, 1890-1893, Le Seuil, 2000.

ministre, à défaut du titre : à partir de 1860, Haussmann obtient le droit d'assister au Conseil des ministres pour y défendre les textes relatifs à Paris !
Marque supplémentaire des soins de l'empereur pour son préfet : il lui alloue le château de Longchamp, dans le bois de Boulogne, pour villégiature. En 1862, lors de l'inauguration du boulevard du prince Eugène (l'actuel boulevard Voltaire), devant les corps constitués et dix mille Parisiens, Haussmann est fait grand-croix de la Légion d'honneur.

1809
Naissance

1860
Conseil des ministres

Inauguration du boulevard de Sébastopol le 15 avril 1858

Caricature :
Haussmann « gâcheur »

Les années difficiles

1809
Naissance

1867
Aqueduc
de la Vanne

Les assauts de l'opposition

Le discours du Trône a fait un très bon effet et l'opposition, qui est d'ailleurs un peu déconcertée par la défection d'Ollivier et de Darimon, paraît décidée à ne rien dire sur les affaires étrangères et à borner ses attaques à l'administration intérieure. C'est M. Haussmann et M. Fould qui auront à soutenir les plus rudes assauts, mais ils sont gens qui se défendent et le dernier paraît très satisfait de l'état de ses finances et surtout de ses recettes.

Lettres de Prosper Mérimée à Madame de Montijo,
le 1er mars 1865,
Mercure de France,
1995.

Le changement de politique

Depuis la fin des années cinquante, l'empereur cherche de nouveaux appuis : l'intervention de l'armée française en Italie déplaît aux catholiques français qui soutiennent le pape ; le traité de libre-échange signé avec la Grande-Bretagne mécontente les industriels. En août 1859, Napoléon III amnistie des condamnés politiques dans l'espoir d'obtenir de la reconnaissance pour sa magnanimité. En novembre 1860, il accorde aux chambres le droit de discuter la politique générale du gouvernement.

Lucide et inquiet, Haussmann suit le glissement vers un régime libéral et parlementaire qu'il abhorre. Fidèle à lui-même et plus déterminé que jamais à poursuivre les travaux dont le financement devient de plus en plus difficile, il est d'autant plus attaqué que ses adversaires se sentent plus forts.

Des fraudes ruineuses pour la ville

Une loi de 1811 soumet tout emprunt de la ville à l'autorisation du parlement et, en 1858, ce dernier plafonne les émissions de la Caisse des travaux au prétexte que ses dettes s'apparentent à un

L'escroquerie aux indemnisations

Non seulement on chercha à émouvoir le jury par toute sorte de mauvais moyens, mais on trompa sa religion et on abusa sa conscience. Une nouvelle industrie se créa qui, sous prétexte de prendre en main les intérêts des expropriés, ne recula devant aucune fraude. Il est inutile de prononcer ici le nom de cette société d'agents véreux, qui a laissé de cuisants souvenirs dans la mémoire des entrepreneurs auxquels elle eut affaire.
Voici quel était le procédé.
L'agence se chargeait de toute la procédure de l'expropriation moyennant une remise minima de 10 pour 100 sur l'indemnité obtenue ; elle s'adressait de préférence aux petits industriels et elle était outillée de façon à leur fournir des livres de commerce détaillés, de faux inventaires, des marchandises apparentes, qui souvent n'étaient que des bûches enveloppées de papier ; elle procurait même des clients nombreux, qui encombraient sa boutique au jour où le jury venait faire la visite réglementaire ; elle fabriquait des baux exagérés, prolongés, antidatés sur des vieux papiers timbrés, dont elle avait trouvé le moyen de se nantir ; elle faisait repeindre des magasins à neuf et y installait des commis improvisés, qu'elle payait trois francs par journée. C'était une sorte de bande noire qui dévalisait la caisse de la ville.

Maxime Du Camp, Paris, ses organes, ses fonctions et sa vie jusqu'en 1870, Hachette 1869-1875, Rondeau, Monaco, 1993.

Caricature de Chagot, La Rue de Rivoli prolongée

emprunt déguisé. Le préfet ne peut plus recourir à ce moyen de financement et doit même convertir une partie de la dette en emprunt classique.

1809 Naissance

Plus grave pour les finances de la ville, les recettes sont amputées du fait du laxisme des tribunaux, qui encouragent la fraude des propriétaires : en 1858, le Conseil d'État rend un avis qui permet aux propriétaires expropriés de conserver la partie du terrain non incorporée à la voie publique, partie pour laquelle ils ont perçu les indemnités d'éviction. De son côté, la Cour de cassation contraint la ville à indemniser les locataires dès l'expropriation, même si ceux-ci continuent à jouir pour un temps de leur bail.

1860 Indemnités immédiates lors d'expropriations

Une fraude de grande ampleur se met alors en place. Les propriétaires refusent d'emblée les offres de la ville et se rendent directement devant les tribunaux, qui ferment les yeux sur les faux inventaires et les comptabilités truquées fournis par des officines spécialisées qui prennent une commission sur les indemnités obtenues. Les prix moyens des expropriations augmentent de 12 % à 100 %. Dans bien des arrondissements, les propriétaires conscients de l'intérêt financier que cela représente, commencent à réclamer des travaux.

Contre vents et marées

Ai-je besoin de dire que, sous l'effet du courant d'opinion contraire aux Grands Travaux de Paris, qui se prononçait jusque dans les hautes régions du pouvoir, la tendance inguérissable du Bourgeois Parisien à donner des leçons au Gouvernement se manifestait par une exagération croissante des décisions du Jury d'Expropriation ?... [...] Grâce aux combinaisons multiples qui me permirent d'assurer constamment le service de trésorerie de toutes les grandes choses à mener de front [...] je pus maintenir obstinément, jusqu'à la fin l'exécution de mon plan financier. [...] Mais [...] le montant (465 millions) des dernières Grandes Opérations de Voirie [...] motivèrent les traités passés entre la ville et le Crédit Foncier, prétextes de si graves débats en 1869.

Mémoires du Baron Haussmann, Victord-Havard Éditeur, 1890-1893, Le Seuil, 2000.

Georges-Eugène Haussmann en 1865

La prise de risque

Rien n'arrête le préfet. Sûr des excédents budgétaires de la ville, Haussmann trouve une autre source de revenus : les bons de délégation. Il confie une bonne partie des voies à des entrepreneurs privés qui se chargent de tout : le paiement des indemnités d'expropriation, la construction des voies, la revente à leur profit des matériaux de démolition et la revente avec plus-value des terrains en bordure. 1809 Naissance

Ils déposent une caution auprès de la Caisse des travaux, égale aux indemnités d'expropriation, et reçoivent alors une subvention équivalente au coût de la voirie, sous la forme de bons de délégation d'un montant de 5 %, payables à la Caisse des travaux à échéance de la livraison de la voie. 1859 Caisse des travaux

Ces bons peuvent être immédiatement escomptés auprès d'une banque. Ainsi, la ville, par l'intermédiaire de la Caisse des travaux, jouit d'un crédit analogue à la dette flottante antérieure, sans emprunt et sans contrôle législatif.

Dès 1864, ce montage financier est dénoncé dans la presse. Ces critiques relaient la lassitude des Parisiens devant des travaux qui n'en finissent pas. Les pamphlets et les caricatures se multiplient.

L'Exposition universelle

La fonction de Paris, c'est la dispersion des idées [...]. En 1800 à la première exposition internationale, il y avait deux cents exposants ; en 1867 il y en a quatre mille deux cent dix-sept. [...] Une certaine mise au point de la civilisation résulte d'une exposition universelle. C'est une sorte d'homologation. Chaque peuple remet son dossier. Où en est-on ? Le genre humain vient là faire sa propre connaissance. L'exposition est une *nosce te ipsum*. Paris s'ouvre. Les peuples accourent à cette aimantation énorme. Les continents se précipitent, Amérique, Afrique, Asie, Océanie, les voilà tous, et la Sublime Porte, et le Céleste Empire, ces métaphores qui sont des royaumes, ces gloires qui sont de la barbarie.

Victor Hugo,
introduction de *Paris-Guide*, 1867.

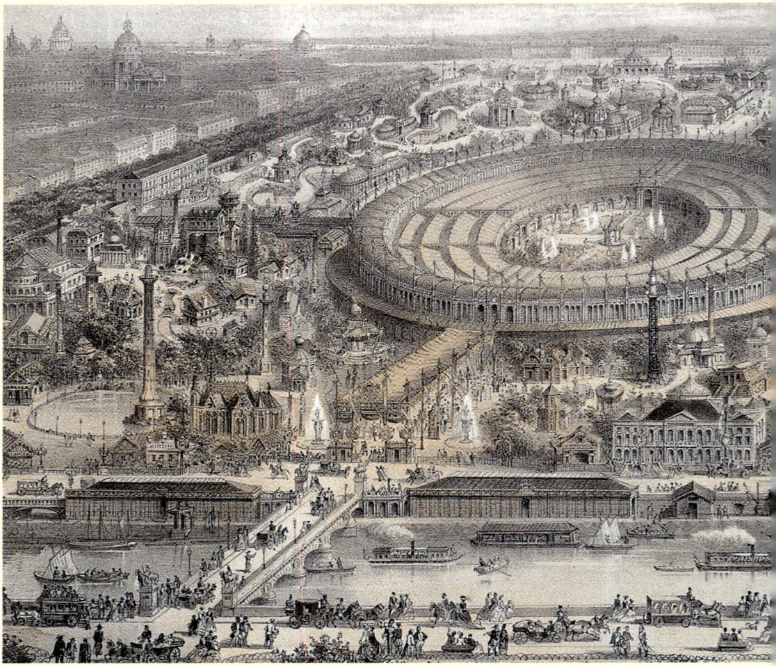

L'Exposition universelle de 1867

1809 Naissance

L'Exposition universelle de 1867 à Paris, vue de la colline du Trocadéro ; au centre, la galerie des machines

Pour le préfet comme pour l'Empire, l'exposition de 1867 marque une trêve avant que l'étau ne se resserre : une apothéose, mais aussi un chant du cygne. L'exposition accueille des exposants du monde entier et 15 millions de visiteurs. Elle sert de vitrine à l'industrie française, dynamique et inventive en ces temps de bouleversements scientifiques et techniques. Elle est aussi, pour les visiteurs qui affluent de tous les continents, l'occasion de découvrir Paris, la « ville splendide », la capitale du luxe, de la culture, de la fête et du plaisir, dans laquelle on attrape cette « fièvre qui est le propre de l'existence capiteuse de Paris », comme l'écrivent Edmond et Jules de Goncourt.

Haussmann vit son heure de gloire. Il fait visiter Paris aux souverains étrangers : François-Joseph d'Autriche, le tsar Alexandre de Russie, le prince de Galles, Guillaume Ier de Prusse et son chancelier Otto von Bismarck… Il les reçoit somptueusement à l'Hôtel de Ville, où bals et banquets se succèdent. Le roi de Prusse emporte à Berlin une copie du plan de *La Transformation de Paris*. Il ne sera pas le seul à s'inspirer du « modèle haussmannien ». Les capitales d'Europe, jusqu'à Constantinople, se souviendront de la « ville blanche aux larges avenues ».

1867 Exposition universelle

Les cimetières pollueurs

La pluie qui tombe sur la surface des cimetières pénètre le sol, rencontre les corps, aide à leur désagrégation, se charge de molécules innommables, glisse sur les couches d'argile ou de marne, et va empoisonner les puits. Bien plus, parfois elle se fraye une route invisible et aboutit subitement au jour. C'est une source. On goûte, elle a une saveur singulière qui rappelle le soufre ; si on l'analyse, on y rencontre le sulfure de calcium, invariablement produit par la décomposition des matières organiques. Il y en a plus de dix actuellement à Paris qui proviennent tout simplement des eaux pluviales filtrées à travers les cimetières. Une de ces sources est exploitée ; j'en ai le prospectus sous les yeux : « Eau sulfhydratée, hydrosulfurique calcaire. » Elle guérit toute sorte de maladies ; à deux sous le verre on peut aller boire cette putréfaction liquide, c'est pour rien.

Maxime Du Camp, Paris, ses organes, ses fonctions et sa vie jusqu'en 1870, Hachette, 1869-1875, Rondeau, Monaco, 1993.

Haussmann et sa fille Valentine

La mise en accusation

1809 Naissance

L'exposition terminée, l'excitation retombée, critiques et attaques reprennent de plus belle contre le préfet, d'autant que l'opposition est de plus en plus violente et l'empereur affaibli par la maladie. Les salons bruissent de rumeurs et de calomnies. L'empereur marque-t-il de l'affection à Valentine ? On accuse le baron d'avoir offert sa fille au monarque !

Haussmann ne pense qu'à poursuivre sa tâche. Il s'occupe d'un ultime projet : les cimetières. Ces derniers sont devenus trop exigus, et certaines nappes phréatiques sont polluées par des infiltrations depuis les tombes. Haussmann propose de créer un cimetière à Méry-sur-Oise. En 1869, une intense polémique se développe sur « la déportation des morts ». Haussmann n'est pas soutenu par Napoléon III et son projet est reporté.

1868 Comptes fantastiques

Les Comptes fantastiques

De décembre 1867 à mai 1868, un jeune avocat, Jules Ferry, publie dans *Le Temps* une série d'articles dont le titre à lui seul lui attire la gloire : *Les Comptes fantastiques du Baron Haussmann*. C'est un réquisitoire en règle contre la toute-puissance du préfet. Haussmann se défend mais rien n'y fait. Déjà, une autre bataille se profile au parlement.

Le baron Haussmann

Destitué séance tenante

Nous avons annoncé hier la chute de M. Haussmann. Cet événement [...] aurait eu lieu dans des circonstances très caractéristiques du nouveau régime inauguré par la constitution du 2 janvier. C'est, dit-on, avant-hier lundi, immédiatement après la prestation du serment par M. Émile Ollivier [... qu'il] aurait été décidé que M. Haussmann serait remplacé sans retard. On ajoute même que cette résolution aurait été prise à l'unanimité. La destitution du préfet aurait donc été le premier acte du nouveau cabinet, et la première manifestation de l'indépendance avec laquelle il se propose d'agir vis-à-vis de la couronne.

À ce point de vue, le fait de la condamnation de M. Haussmann est très important, mais il le devient encore davantage, si l'on considère que ce haut fonctionnaire était la représentation la plus éclatante et la plus absolue du système autoritaire, et que la dictature omnipotente qu'il a si longtemps exercée sur les intérêts parisiens, il s'est toujours vanté de n'être que le docile exécuteur des desseins d'une volonté supérieure.

Le Temps, jeudi 6 janvier 1870.

Indestructible…

Son véritable mérite a été de faire ces grandes choses, malgré l'opposition ardente, passionnée, inexplicable de la plupart des membres du gouvernement. L'histoire de son administration n'a été qu'une longue lutte contre les dépositaires du pouvoir, qu'une série de combats corps à corps, une coterie puissante, incapable de rien faire par elle-même, mais jalouse de ne rien laisser faire aux autres. Dans le cours de cette guerre à outrance […] où il a été vingt fois sur le point de succomber, il est presque étonnant qu'il ait survécu.

Duc de Persigny, Mémoires, 1890.

À la fin des années soixante, le second Empire traverse une profonde crise. Le climat économique et politique s'est détérioré, la crainte de la guerre malmène la bourse, l'argent reste dans les coffres. Les créances du Crédit foncier sur la ville, 398 millions, doivent être transformées en dettes à très long terme. Pour cela, le corps législatif doit adopter un projet de loi. Face à des tribunes pleines, les députés en profitent pour faire le procès public du préfet de la Seine et, au-delà, de l'Empire.

Haussmann veut faire appel aux épargnants, on le lui refuse. L'empereur ne peut rien pour lui, le nouveau gouvernement veut sa tête. Après plus de seize ans passés à la tête de la capitale, Haussmann est relevé de ses fonctions au début de l'année 1870.

1809 Naissance

1870 Départ de la préfecture

Le château
de Cestas,
où Haussmann
rédige
ses mémoires

À l'écart des affaires publiques

Haussmann ne laisse rien paraître des blessures d'amour-propre qui lui sont infligées. Il s'éloigne de Paris mais suit la politique, le plébiscite de Napoléon III et la déclaration de guerre qu'il désapprouve. Le 3 septembre, au Sénat dont il est toujours membre, il appelle à la résistance. Sedan est déjà tombé et Napoléon III fait prisonnier. Le 4 septembre, Paris redevient la ville ingouvernable et révolutionnaire qu'elle a longtemps été. Alors que les communards incendient l'Hôtel de Ville et les Tuileries, Haussmann visite l'Italie avec sa maîtresse, Francine Cellier.

Un bonapartiste fidèle

Le retour au calme lui permet de rentrer en France. Il s'installe dans le château de Cestas, à quelques kilomètres de Bordeaux, propriété qu'Octavie a héritée de ses parents et qu'il a fait rénover par Baltard en 1861. Sa retraite de préfet ne lui permettant pas de mener le train de vie qu'il voudrait, il rentre à Paris et devient directeur du Crédit mobilier, créé par les frères Pereire en 1852. En 1873, la banque l'envoie à Constantinople pour mettre sur pied un projet de reconstruction d'un quartier de la ville. Mais

La baronne
Octavie Haussmann
vers 1869 à Bordeaux

Le baron
Georges-Eugène
Haussmann en 1889

l'argent manque, le projet n'a pas de suite et Haussmann rentre au bout de trois mois.

1809 Naissance

Par fidélité envers l'empereur déchu, Haussmann accepte d'être candidat bonapartiste aux élections législatives. Après différentes tentatives sans succès sur le continent, il est élu à Ajaccio, patrie des Bonaparte, en 1877.

À l'Assemblée, il tente en vain, contre l'avis de Clemenceau et des radicaux, de faire reconstruire les Tuileries. La mort du fils de Napoléon III, en 1879, lui fait définitivement quitter la politique. Sa vie se partage alors entre Paris et Cestas.

Les dernières années

Haussmann trouve quelque réconfort dans certaines décisions prises par ceux qui lui ont succédé. Son ancien collaborateur et ami, Jean-Charles Alphand, de huit ans son cadet, nommé directeur des travaux de la ville, poursuit son œuvre : on le surnommera le « vice-Haussmann ». De même, la IIIe République, qui affiche pourtant sa haine du second Empire, ne débaptise pas le boulevard Haussmann.

1877 Député

Toujours alerte, Haussmann rédige ses mémoires, dans lesquelles il retrace son extraordinaire carrière « administrative ». En mars 1890, il a 81 ans, sa vie est assombrie par la mort de sa fille Marie-Henriette. Dès lors, tout va très vite. Octavie meurt le

Dernières heures

M. le baron Haussmann [...] est mort subitement, cette nuit. Avant-hier, il assistait aux obsèques du duc Nicolas de Leuchtenberg. Hier soir, il avait réuni à sa table quelques amis ; le repas avait été aussi gai que le permettaient les deuils récents qui avaient frappé le baron Haussmann. Vers onze heures, il se sentit souffrant ; son valet de chambre se mit à la recherche d'un médecin ; mais quand ce dernier arriva dans la chambre du malade, tout espoir était perdu : M. Haussmann avait été frappé de congestion et succombait quelques instants après.

Le Temps, 13 janvier 1891.

Madame Camille Dollfus (née Marie-Henriette Haussmann) meurt quelques mois avant son père.

24 décembre suivant, Haussmann ne lui survit que trois semaines et s'éteint le 11 janvier 1891. L'homme qui a été le premier préfet de France, qui aimait tant les honneurs, le faste et le panache, est enterré au Père-Lachaise sans qu'aucun officiel ne se déplace.

Plus de cent ans après sa mort, l'œuvre d'Haussmann soulève toujours des polémiques. Pour certains, l'homme est un vandale, qui a rasé le vieux Paris pour ne reconstruire qu'une cité fonctionnelle et sans charme, toujours marquée par une forte ségrégation spatiale : riches à l'ouest, pauvres à l'est et même hors de la ville. Pour d'autres, les travaux, qui ont rendu Paris attrayant, ont retenu une population aisée prête à déserter un centre dégradé et malsain pour s'installer dans des banlieues chic, à l'image de ce qui s'est passé dans les villes des États-Unis.

Quoi qu'il en soit, aucun remaniement significatif n'a, depuis lors, remis en cause la structure urbaine pensée par le préfet. Paris, la ville la plus visitée du monde, continue d'être une métropole enviée.

L'homme lui-même demeure mystérieux. S'il fut un travailleur acharné, bien des aspects de sa vie et de sa personnalité sont restés dans l'ombre. En cela, il est un bel exemple des grands commis de l'État.

Âge	Haussmann	Une époque	Vivre à Paris
	L'enfance	**Le premier Empire**	
	27 mars 1809 : Naissance de Georges-Eugène Haussmann à Paris.		**1809 :** Organisation de l'octroi.
		La Restauration	**1824 :** 37 km d'égouts à Paris pour plus de 700 000 habitants.
21	**Juillet 1830 :** Participation d'Haussmann aux « Trois Glorieuses ».		**1825 :** Premiers trottoirs.
		La monarchie de Juillet	**1828 :** Premiers omnibus.
	Les premières responsabilités		
	1831 : Haussmann secrétaire général de la préfecture de la Vienne.	**1831 :** Élargissement du suffrage censitaire.	**1831 :** Paris accueille 16,6 % de la population urbaine française.
		1832 : Mort de l'Aiglon.	**1832 :** Épidémie de choléra.
	1833 : Haussmann sous-préfet à Yssingeaux puis à Nérac.	**1833 :** Rambuteau préfet de la Seine. Loi Guizot sur l'enseignement primaire.	**1833 :** Un Parisien sur deux est né à Paris (un sur trois en 1860).
		1836 : Tentative de coup d'État de Louis-Napoléon Bonaparte.	**1836 :** Aménagement de la place de la Concorde avec l'obélisque.
	1837 : Légion d'honneur.		**1837 :** Inauguration de la ligne de chemin de fer Paris/Saint-Germain-en-Laye.
29	**1838 :** Mariage avec Octavie à Bordeaux.		
	1840 : Naissance de Marie-Henriette. Haussmann sous-préfet à Saint-Girons.	**1840 :** Nouvelle tentative de coup d'État de Louis-Napoléon Bonaparte. Retour des cendres de Napoléon Ier aux Invalides.	**1841 :** Installation des premiers urinoirs publics.
	1841 : Haussmann sous-préfet à Blaye.		**1841-1845 :** Construction des fortifications.
	1843 : Naissance de Valentine.	**1842 :** Mort du duc d'Orléans, fils aîné de Louis-Philippe.	**1846 :** Ouverture de la gare du Nord.
		La seconde République	**1847-1852 :** Construction de la gare de Lyon.
	1848 : Haussmann conseiller de préfecture de la Gironde.	**1848 :** Retour de Louis-Napoléon en France et élection à la présidence de la République.	**1848 :** Suppression des péages sur les ponts de Paris. 9 000 becs de gaz dans les rues de Paris.
	1849 : Première rencontre avec Louis-Napoléon Bonaparte.		
	Le préfet		
40	**1849 :** Haussmann préfet du Var.		**1849-1852 :** Construction de la gare de l'Est.
	1850 : Haussmann préfet de l'Yonne.		**1850 :** Un million d'habitants à Paris. Interdiction de la location des logements insalubres.
	1851 : Haussmann préfet de Gironde.	**1851 :** Coup d'État de Louis-Napoléon Bonaparte.	

Haussmann	Une époque	Vivre à Paris
La préfecture de la Seine **1853 :** Haussmann préfet de la Seine.	**Le second Empire**	**1852 :** 140 km d'égouts à Paris. **1852 :** Début de l'aménagement du bois de Boulogne. Mise en place de la Caisse de la Boulangerie. Début du « premier réseau ».
	1858 : Rencontre entre Napoléon III et Cavour à Plombières.	**1855 :** Exposition universelle. **1858 :** Inauguration du boulevard de Sébastopol. Lancement des travaux du « deuxième réseau ». Création de la Caisse des travaux de Paris.
1859 : Modification de la répartition des responsabilités entre les préfectures de police et de la Seine.	**1859 :** Victoires franco-piémontaises à Magenta et Solferino face à l'Autriche.	
1860 : Mariage de Marie-Henriette. Entrée d'Haussmann au Conseil des ministres.	**1860 :** Traité de libre-échange entre la France et la Grande-Bretagne. Rattachement de Nice et de la Savoie à la France.	**1860 :** Incorporation à Paris des onze communes limitrophes. **1860-1865 :** Aménagement du bois de Vincennes.
1862 : Haussmann grand-croix de la Légion d'honneur.	**1862 :** Bismarck au pouvoir en Prusse.	**1862 :** Inauguration des théâtres de la place du Châtelet et du théâtre de la Gaîté.
1865 : Mariage de Valentine.		**1865 :** Fin de la construction de l'aqueduc de la Dhuys.
	1867 : Jules Ferry, *Les Comptes fantastiques d'Haussmann*.	**1867 :** Exposition universelle. **1867-1875 :** Construction de l'aqueduc de la Vanne. **1869 :** 560 km d'égouts à Paris.
1870 : Révocation.	**1870 :** Guerre contre la Prusse. Défaite de Sedan. Fin de l'Empire.	
1871 : Direction du Crédit mobilier.		**1871 :** La Commune. Incendie de l'Hôtel de Ville.
	La IIIe République **1873 :** Mort de Napoléon III.	
1877 : Haussmann élu député de Corse.		**1875 :** Inauguration de l'Opéra de Paris.
	1883 : Eugène Poubelle préfet de la Seine. **1887-1889 :** Crise boulangiste.	**1883 :** Premières « poubelles ». **1889 :** Exposition universelle. Tour Eiffel.
1890 : Mort de Marie-Henriette puis d'Octavie. **11 janvier 1891 :** Décès.		**1891 :** L'espérance de vie est de 45,5 ans dans le département de la Seine.

Table des illustrations

Impression I.M.E. - 25110 Baume-les-Dames
Dépôt légal : 17357 Novembre 2001